現代茶經

時尚生活工作室　編著

瑞昇文化

前言 PREFACE

開門七件事，除去「柴米油鹽醬醋」，餘下的生活調味品就是「茶」了。喝茶不僅可以解渴，還可以減肥；不僅可以養心，還能養顏，甚至可以治療都市人群中流行的「三高」疾病。於是乎，時尚中人紛紛以茶為禮，以賞茶、品茶為風尚。

剛接觸茶的人，面對五花八門、形態各異的茶不免會眼花繚亂，且常常會有如下困惑：不會辨別茶的優劣，弄不清楚各種茶具的功能，不知道如何使用茶具泡茶，不清楚什麼樣的茶最適合自己，等等。這本書將會為大家解開這些困惑。

本書旨在指導讀者如何專業地鑑茶、泡茶、品茶，適合入門新手。書中運用大量精美的圖片和通俗易懂的文字，把讀者帶入一個清新的茶世界，讓讀者體會到鑑茶、泡茶、品茶的樂趣，更深刻地理解茶文化。

認識茶，享受泡茶的過程，嗅著清新淡雅的茶香，品出茶真味。「閒是閒非休要管，渴飲清泉悶煮茶」，人生何其快哉！

目錄

一 識茶

二 泡茶

三 名茶品鑑

CONTENTS

四 茶事與茶俗

CONTENTS

五 茶與健康

第一章

識茶

CHAPTER 1

中國是最早發現和使用茶的國家，早在3000多年前就已經開始栽培茶樹了。關於茶的故事說不盡、道不完，讓我們追根溯源，從源頭開始認識茶。

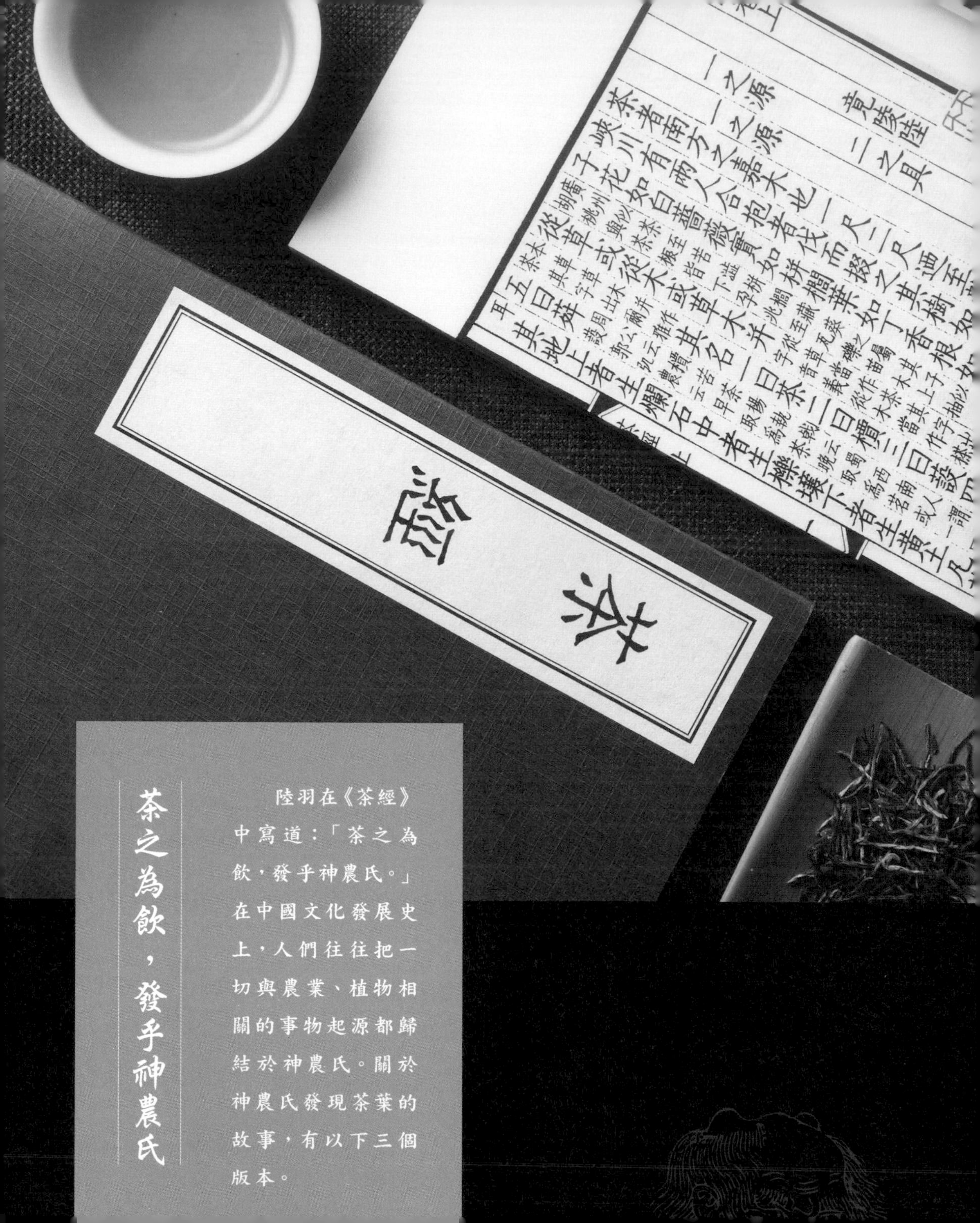

茶之為飲，發乎神農氏

陸羽在《茶經》中寫道：「茶之為飲，發乎神農氏。」在中國文化發展史上，人們往往把一切與農業、植物相關的事物起源都歸結於神農氏。關於神農氏發現茶葉的故事，有以下三個版本。

傳說一

神農氏是三皇五帝之一。他人身牛首，三歲知稼穡，長成後，身高八尺七寸，龍顏大唇。那時候，五穀和雜草、藥物和百花都長在一起，哪些可吃，哪些可治病，誰也分不清，當時人們生瘡害病都無醫無藥。為給人們治病，神農氏不顧自身安危，親嘗各種草木，以辨其味、明其效。一日，他吃了一種草葉後，口乾舌麻，頭暈目眩，全身乏力。

於是他放下草藥袋，背靠一棵大樹斜躺，稍事休憩。這時，一陣風吹過，他聞到了一股清新的香氣，但不知這清香從何而來。抬頭一看，只見樹上有幾片翠綠的葉子冉冉落下，樹葉青嫩可愛，氣味芳芬。出於習慣，他拾起一片樹葉放入口中慢慢咀嚼，發現此物味雖苦澀，但有清香回甘之味，食後舌底生津，精神振奮，且頭暈目眩減輕，口乾舌麻漸消。

神農氏由此斷定此物有解渴生津、提神醒腦、解毒的功效，將此物定名為「茶」。

傳說二

相傳神農氏為給人治病，翻山越嶺地採集草藥，還熬煎、試服這些草藥，以親身體會、鑑別草藥的性能。一日，神農氏採來了一大包草藥，把它們按已知的性能分成幾堆，生火煮水。此時，忽有幾片綠油油的樹葉落入鍋中，水中湯色漸呈黃綠，並有清香隨著蒸氣上升而緩緩散發。神農氏取而飲之，只覺味帶苦澀，清香撲鼻，回味香醇甘甜。於是神農氏從鍋中撈起葉子細加觀察，發現鍋邊似乎沒有此種樹葉，心想：一定是上天念我年邁心善和採藥治病之苦，賜我玉葉以濟眾生。自此，他一邊繼續研究這種葉子的藥效，一邊涉足群山尋找此種樹葉。一天，神農氏終於在山裡發現了與落入鍋中的綠葉一模一樣的葉子，將其熬煮出黃綠色的汁水，飲之其味也同，神農氏大喜，遂將此物定名為「茶」。

神農氏還發現這種樹葉的湯汁有生津解渴、提神醒腦、利尿解毒、止瀉等作用，因此認為這種樹葉是養生之妙藥。據說，當年神農氏發現的「茶」，就是今天的「茶」。

傳說三

話說在遠古時代，有這麼一位神農氏，他一生下來就有個「水晶肚」，肚子幾乎是透明的，人們不僅可以看見他的五臟六腑，還能看見食物在其腸胃裡蠕動的情形。那時候的人靠捋草籽、採野果、獵鳥獸維持生活。有時吃了不該吃的東西，就可能會中毒，嚴重的話就會被毒死。人們得了病，不知道如何對症下藥，都是硬挺，挺過去就好了，挺不過去就死了。神農氏為了解除人們的疾苦，立誓嘗遍百草，定藥性，為大家消災祛病。

有一日，神農氏食一植物後感覺肚子不舒服。難受之餘，隱約聞到一股清香撲鼻而來，仔細辨別，發現這股清香是身旁一株開白花的植物散發出來的。神農氏取葉食之，只見葉汁在肚子裡上下流動，好似在肚子裡檢查什麼一樣，最後把腸胃沖洗得乾乾淨淨，人也舒服了。神農氏敏銳地意識到是這種綠葉解了他的毒，欣喜萬分，把這種綠葉稱為「查」（後來人們又把「查」寫成「茶」）。

神農氏長年累月地跋山涉水、嘗試百草，經常中毒，全靠這種綠葉來解救。

茶之源

對於茶樹的起源這個問題，歷來爭議較多。隨著考證技術的發展，人們才逐漸達成共識，即中國是茶樹的原產地，並確認中國西南地區是茶樹原產地的中心。由於地質變遷及人為栽培，茶樹逐漸在全中國普及，並傳播至世界各地。

茶樹起源於何時？必是早於有文字記載的3000多年前。茶樹原產於中國已被世界學者所公認，只是在1824年左右，有人在印度發現了野生茶樹，一些國外學者對中國是茶樹原產地的觀點提出異議，在國際學術界引發了爭議。這些持異議者均以印度有野生茶樹為依據，還認為中國沒有野生茶樹。其實在《爾雅》中就有關於茶樹的記載，且資料表明，中國有10個省區、共198處發現了野生大茶樹，其中雲南的一株野生大茶樹的樹齡已達1700年左右。僅雲南省內，樹幹直徑在1米以上的野生大茶樹就有10多株。有的地區，野生茶樹群落甚至大至數千畝（1畝約等於667平方米）。中國已發現的野生大茶樹，樹齡之長，樹體之大，數量之多，分布之廣，性狀之異，都堪稱世界之最。此外，經考證，印度發現的野生茶樹屬中國茶樹的變種。因此，中國是茶樹的原產地這一點是毋庸置疑的。

近幾十年來，專家將茶學和植物學的研究相結合，從樹種及地質變遷、氣候變化等不同角度出發，對茶樹原產地進行了更加細緻深入的分析和論證，進一步證明中國西南地區是茶樹的原產地。

「茶」字的由來

在唐代以前，人們大多把茶稱為「荼」，也有其他「茶」的同義字。

《詩經》中有「荼」字，《爾雅》中提到「檟，苦荼」，《方言論》中記載「蜀西南人謂茶曰蔎」，《凡將篇》中有「荈」，晉代郭璞曰「今呼早採者為荼，晚取者為茗」。開元年間，唐明皇撰《開元文字音義》，將古茶字「荼」減去一筆作「茶」。陸羽在《茶經．一之源》中記載：「其字，或從草，或從木，或草木並。其名，一曰茶，二曰檟，三曰蔎，四曰茗，五曰荈。」他在《茶經》中，除講述茶之源的篇幅外，通篇使用「茶」字。由此，「茶」字的用法漸漸統一，進而流行開來。

飲茶習慣的由來

人類為什麼要飲茶呢？又是怎樣養成飲茶習慣的呢？對此，有五種說法。

1. 祭品說：這一說法認為，茶與其他的植物最早都是作為祭品用的。後來有人發現其食而無害，便「由祭品，而菜食，而藥用」，最終成為一種飲品。

2. 藥物說：這一說法認為，茶「最初是作為藥進入人類社會的」。《神農本草經》中寫道：「神農嘗百草，日遇七十二毒，得茶而解之。」

3. 食物說：這一說法認為，茶最早是作為食物存在的。「古者民茹草飲水」「民以食為天」，「食在先」符合人類社會的進化規律。

4. 同步說：這一說法認為，最初利用茶的方式是將其作為口嚼的食料或烤煮的食物，與此同時，也逐漸將其作為藥料飲用。

5. 交際說：《載敬堂集》載：「茶，或歸於瑤草，或歸於嘉木，為植物中珍品。茶之用，非單功於藥食，亦為款客之上需也。」有《客來》詩云：「客來正月九，庭迸鵝黃柳。對坐細論文，烹茶香勝酒。」（摘自《載敬堂集．江南靖士詩稿》）此說從理論上把茶引入待人接物的範疇，開「交際說」之端。

>> 造型各異的精緻茶具

筆者認為，茶成為飲品經歷了以下多個階段的發展演變過程。

春秋以前，茶葉最初是作為藥物而受到關注的。古人直接含、嚼茶樹鮮葉來汲取茶汁，感到芬芳、清口。久而久之，含嚼茶成為人們的一種嗜好。該階段可說是茶成為飲品的前奏。

隨著社會的發展，人們逐漸從生嚼茶葉轉為煎服，即將鮮葉洗淨後，置陶罐中加水煮熟，連湯帶葉服用。煎煮而成的茶雖苦澀，但是滋味濃郁，風味與功效均勝幾籌。日久，人們自然養成先煎煮後品飲的習慣，這是茶被加工成飲品的開端。

然後，茶由藥發展為日常飲品，經過了食用階段作為中間過渡，即將茶葉煮熟後，與飯菜調和一起食用。此時，用茶的目的一是增加營養，二是解食物之毒。《桐君錄》等古籍中，則有將茶、薑及一些香料同煮食用的記載。可以看出，此時茶葉的利用方法又前進了一步，運用了當時的烹煮技術，並且當時的人們已注意到茶湯的調味功能。

在中國古代文獻中，很早便有關於食茶的記載，而且茶葉隨產地的不同而有不同的名稱。茶在中國社會各階層中廣泛普及，大致是在唐代陸羽所著的《茶經》傳世以後，所以宋代有詩云：「自從陸羽生人間，人間相學事春茶。」

中國的茶早在西漢時便傳到國外，漢武帝時朝廷曾派使者出使中南半島，使者所帶的物品中不僅有黃金、錦帛，還有茶葉。南北朝齊武帝永明年間，中國茶葉隨出口的絲綢、瓷器傳到了土耳其。唐順宗永貞元年，日本最澄禪師回國，將中國的茶籽帶回日本。而後，茶葉不斷從中國傳往世界各地，許多國家開始種茶，並且有了飲茶的習慣。

茶的分布區域

根據現代茶區劃分標準，中國的產茶地可分為四大茶區，即江北茶區、江南茶區、西南茶區和華南茶區。

江北茶區

江北茶區位於長江中、下游北岸，包括河南、陝西、甘肅、山東等省和皖北、蘇北、鄂北等地。江北茶區主要生產綠茶。

江北茶區年平均氣溫為15～16℃，年降水量少，為700～1000毫米，且分布不均，因此茶樹常常受旱。茶區土壤多屬黃棕壤和棕壤，是中國南北土壤過渡的區域。雖然氣候不甚理想，但所產茶葉的質量並不亞於其他茶區，信陽毛尖、六安瓜片都產自江北茶區，亦都屬於中國十大名茶。

江南茶區

江南茶區位於長江中、下游南岸，包括浙江、湖南、江西等省和皖南、蘇南、鄂南等地。江南茶區為中國茶葉的主要產區，年產量約占全國年總產量的2/3，所產茶的種類也很多，包括綠茶、紅茶、黑茶、花茶等，西湖龍井、廬山雲霧、君山銀針、洞庭碧螺春等名茶皆產於此地。

江南茶區的茶園主要分布於丘陵地帶，少數在海拔較高的山區。該地氣候四季分明，年平均氣溫為15～18℃，年降水量為1400～1600毫米，春夏季雨水多，秋季乾旱。茶區土壤主要是紅壤，部分為黃壤和棕壤。

西南茶區

西南茶區位於中國西南部，包括雲南、貴州、四川等省和西藏自治區東南部，是中國最古老的茶區。這裡主要生產紅茶、綠茶、沱茶、緊壓茶和普洱茶等。滇紅工夫茶、竹葉青、普洱熟茶、雲南沱茶等名茶皆產於此茶區。

西南地區的地形十分複雜，以高原和盆地為主，有些同緯度地區海拔高低懸殊，氣候差別很大。大部分地區的氣候為亞熱帶季風氣候，冬暖夏涼。雲南省的土壤以紅壤為主，四川省、貴州省和西藏自治區東南部的土壤以黃壤為主，土壤有機質含量豐富。

華南茶區

華南茶區位於中國南部，包括廣東、福建、海南等省和廣西壯族自治區，除此之外還有台灣。產茶種類主要是紅茶、烏龍茶、花茶、白茶、黑茶等，其中六堡茶是歷史名茶。

這些地方氣候溫暖，降水量充沛，具有豐富的水熱資源。大部分地區年平均氣溫為19～22℃，最低月平均氣溫為7～14℃，年降水量為1200～2000毫米，是中國茶區之最。茶區土壤以赤紅壤為主，少部分為黃壤，土壤肥沃，有機物質含量豐富，是最適宜茶樹生長的地區。

黃山，聞名中外的茶葉之鄉

黃山可以說是名茶的搖籃。除了黃山毛峰這一中國十大名茶，另一種十大名茶祁門紅茶，著名的綠茶太平猴魁、老竹大方和金山時雨，著名紅茶黃山金毫等都產於此地，這些茶葉都深受人們的喜愛。

歙州是隋文帝設置的，經唐朝，到宋徽宗宣和三年改名為徽州，元改名為徽州路，明初改名為興安府，後改為徽州府至清末。

據《中國名茶志》引用《徽州府志》載：「黃山產茶始於宋之嘉祐，興於明之隆慶。」又載：「明朝名茶：……黃山雲霧，產於徽州黃山。」

日本榮西禪師著《吃茶養生記》云：「黃山茶養生之仙藥也，延年之妙術也。」

黃山座落在安徽歙縣、太平、休寧、黟縣之間，巍峨奇特的山峰，蒼勁多姿的松樹，清澈不湍的山泉，波濤起伏的雲海，號稱黃山「四絕」，引人入勝。明代著名的旅行家徐霞客把黃山推為中國名山之冠，留下了「五嶽歸來不看山，黃山歸來不看嶽」的名言。

黃山地區山勢高，土質好，溫暖濕潤，因此很適合茶樹生長。該地產茶歷史悠久。據史料記載，黃山茶在400餘年前就相當著名。

《黃山志》稱：「蓮花庵旁就石隙養茶，多清香冷韻，襲人斷齶，謂之黃山雲霧茶。」傳說這就是黃山毛峰的前身。

中國十大名茶

1959年，全國「十大名茶」評比會評出了中國的「十大名茶」，分別是西湖龍井、洞庭碧螺春、黃山毛峰、廬山雲霧、六安瓜片、信陽毛尖、君山銀針、武夷岩茶、安溪鐵觀音、祁門紅茶。其中，前六種皆屬於綠茶，君山銀針屬於黃茶，武夷岩茶和安溪鐵觀音屬於烏龍茶，祁門紅茶屬於紅茶。

西湖龍井

外形	扁平，光滑，挺直
色澤	嫩綠光潤
湯色	清澈明亮
香氣	清高持久
滋味	鮮爽甘醇
葉底	細嫩成朵

洞庭碧螺春

外形	條索纖細勻整，形曲似螺，白毫顯露
色澤	銀綠潤澤
湯色	嫩綠鮮亮
香氣	清新淡雅的花果香或嫩香
滋味	鮮醇回甘
葉底	芽大葉小，嫩綠柔勻

黃山毛峰

外形	條索扁平，形似雀舌
色澤	綠中泛黃，瑩潤有光澤
湯色	清澈透亮，翠綠泛黃
香氣	清香高長，酷似白蘭
滋味	鮮濃醇厚
葉底	嫩黃，肥壯成朵

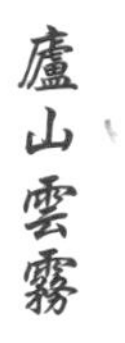

外形：條形緊湊，青翠多毫

色澤：碧嫩

湯色：清淡，宛若碧玉

香氣：香幽如蘭

滋味：濃厚，鮮爽持久

葉底：嫩綠勻齊

六安瓜片

外形：片卷順直，形似瓜子

色澤：色澤寶綠，起潤有霜

湯色：綠中透黃，清澈明亮

香氣：回味悠長

滋味：鮮醇回甜

葉底：葉底嫩黃，整齊成朵

信陽毛尖

外形：細秀圓直，隱顯白毫

色澤：鮮亮，泛綠色光澤

湯色：淡綠，明亮

香氣：濃郁栗香，香氣持久

滋味：爽口清甜

葉底：細嫩勻整

君山銀針

外形：芽頭肥壯，緊實挺直，滿披白毫

色澤：金黃光亮

湯色：橙黃明淨

香氣：清純

滋味：甜爽

葉底：嫩黃勻亮

武夷岩茶

外形：條索肥壯緊結

色澤：烏褐

湯色：清澈鮮麗，呈深橙黃色

香氣：兼具綠茶的清香和紅茶的熟香，清新幽遠

滋味：濃厚可口，令人回味無窮

葉底：軟亮，葉緣微紅

安溪鐵觀音

外形：捲曲重實

色澤：砂綠

湯色：豔似琥珀

香氣：天然馥郁的蘭花香

滋味：醇厚甘鮮

葉底：柔軟鮮亮

祁門紅茶

外形：條索緊細秀長，勻稱整齊

色澤：色澤烏潤，富有光澤

湯色：紅豔明亮

香氣：香氣似果、似蜜糖、似花，清鮮持久

滋味：甘香醇厚

葉底：紅亮嫩軟

茶的分類

由於中國產茶歷史悠久，茶區遼闊，自然條件各異，茶樹品種繁多，加上採製加工方法不同，因此中國茶葉種類齊全，品目繁庶。茶的命名依據有很多：有的根據外形命名，例如銀針、瓜片等；有的根據茶葉產地命名，例如西湖龍井、洞庭碧螺春等；有的根據採收季節分類，例如春茶、夏茶、秋茶；有的根據發酵程度分類，例如發酵茶、半發酵茶、全發酵茶等。

下面介紹幾種常見的分類方法。

七大茶類

諸多分類方式中，被大家廣為熟知和認同的是根據茶的加工方法分類。按照這種方法，可將茶分為六大基本茶類，分別是綠茶、紅茶、烏龍茶、白茶、黃茶、黑茶。將上述六種茶中的任意一種加花、香料等物進行加工，就形成了花茶。

◎ 綠茶

綠茶是不發酵茶，即將鮮葉經過攤晾後直接下到熱鍋裡炒製，以保持其色綠的特點。因其葉片及湯呈綠色，故名。中國名品綠茶有西湖龍井、洞庭碧螺春、黃山毛峰、六安瓜片等。

◎紅茶

紅茶是一種經過發酵製成的茶。因其葉片及湯呈紅色，故名。中國著名的紅茶有安徽祁紅、雲南滇紅、湖北宣紅、四川川紅等。

◎烏龍茶

烏龍茶又名青茶，是一種半發酵茶，特徵是葉片中心為綠色，邊緣為紅色，俗稱「綠葉紅鑲邊」。烏龍茶主要產於福建、廣東、臺灣等地，一般以產地的茶樹品種命名，如鐵觀音、大紅袍、烏龍、水仙等。其香氣濃烈持久，飲後留香，有提神、消食、止痢、解暑、醒酒等功效。

◎白茶

白茶是一種不經發酵亦不經捻撚製成的茶，具有天然的香味，其特點是遍披白色茸毛，湯色略黃而滋味甜醇。主要產地在福建福鼎市和政和縣。

◎黃茶

黃茶屬輕發酵茶，加工工藝與綠茶的類似，只是在乾燥工藝前增加了一道悶黃的工藝，促使其中的葉綠素等物質部分氧化。黃茶的品質特點是「黃葉黃湯」，這種黃色就是製茶過程中進行悶黃的結果。

黃茶的主要產地在安徽、四川、浙江、湖南和湖北等省。

◎黑茶

這一類茶因其成品茶的外觀呈黑色而得名。黑茶屬後發酵茶，製茶工藝一般包括殺青、揉捻、渥堆和乾燥四道工序，主產區為四川、雲南、湖北、湖南等地。黑茶採用的原料較粗老，一般為一芽三四葉或一芽五六葉。

◎花茶

花茶又名香片，屬於再加工茶。花茶由精緻茶坯和具有香氣、適合食用的鮮花混合，採用特殊窨制工藝製作而成。花茶香味濃郁，茶湯色深，深得偏好重口味的北方人的喜愛。

按茶樹品種分類

茶樹是多年生常綠木本植物。以樹型為分類性狀，按照自然生長情況下植株的高度和分枝習性，茶樹可分為喬木型、小喬木型、灌木型三種。

◎喬木型

喬木型茶樹是較原始的茶樹類型，分布於和茶樹原產地自然條件較為接近的自然區域，即中國熱帶和亞熱帶地區。喬木型茶樹的特點是樹木十分高大，高度可達幾十米；分枝部位高，主幹明顯，分枝稀疏；葉片大；結實率低，抗逆性弱，抗寒性差；芽葉中多酚類物質含量高；品質上具有滋味濃強的特點。喬木型茶樹多分布在溫暖濕潤的地區（如雲南省），適宜製紅茶。

◎小喬木型

小喬木型茶樹分布於熱帶和亞熱帶茶區，也有較為明顯的主幹，但是不如喬木型茶樹高大，植株從底部到中部主幹較明顯，上部主幹不明顯。分枝部位離地面較近，分枝較稀，葉片為中葉型。抗逆性和抗寒性較喬木型茶樹稍強。

◎灌木型

灌木型茶樹主要分布於亞熱帶茶區，中國大部分茶區都有這種類型的茶樹，包括的種類也最多。灌木型茶樹的特點是比較矮小，沒有明顯的主幹；分枝部位低，分枝稠密；葉片小；結實率高，抗逆性強，能適應較為寒冷和乾旱的氣候環境。有一些野生喬木型茶樹為適應較為寒冷和乾旱的氣候環境，會改變某些特性，如葉片變小、變厚，樹形矮化，形成小喬木型或灌木型茶樹。而很多規模化栽培型茶園的茶樹大多為灌木形態，一些原本屬於喬木型的茶樹，經人為干預逐漸矮化，會顯現出類似灌木型茶樹的特徵。

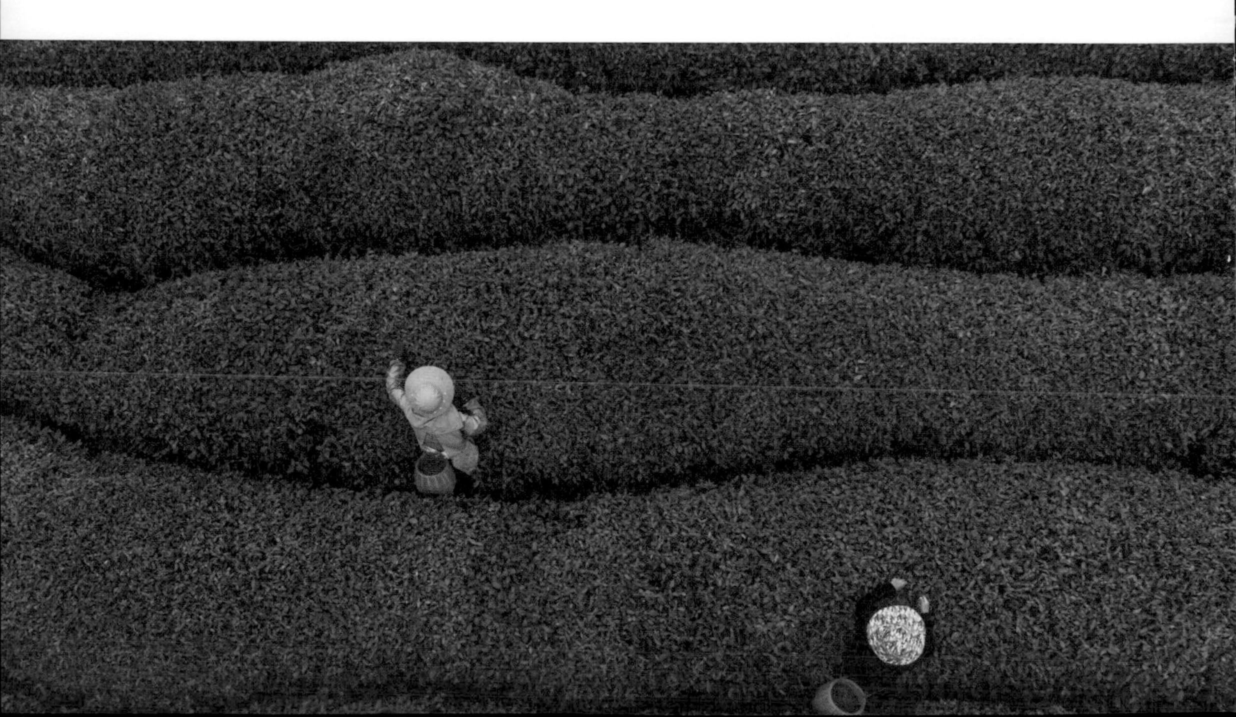

按採收季節分類

在中國絕大部分產茶地區，茶樹的生長和茶葉的採摘是有季節性的。按照不同的採收季節，可以將茶葉分為春茶、夏茶、秋茶三種。若採收季節不同，即使是同一個茶園產出的茶葉，其外形和品質也會有較大的差異。

◎春茶

春茶指3月下旬至5月上旬採製的茶。春季溫度適中，雨量充沛，茶樹經過冬季的「修生養息」，在春季生長出來的茶芽葉肥碩，色澤翠綠，品質格外出色，具有滋味濃、香氣高、農殘少的特點，且富含氨基酸和維生素，保健作用更為明顯。

◎夏茶

夏茶指５月中下旬至７月採製的茶。夏茶的品質不如春茶，尤其是綠茶。夏季天氣炎熱，芽葉生長迅速，茶葉中氨基酸和維生素的含量明顯減少。受氣溫和日照影響，夏茶很容易老化，多酚類物質含量高，使得夏茶口感不如春茶，甚至有些苦澀，香氣亦不如春茶濃郁。

◎秋茶

秋茶的採摘時間為８～１０月，品質介於春茶和夏茶之間。秋季氣候條件優於夏季，有利於茶葉芳香物質的合成與積累，但是秋茶生長期比春茶短，加上經春夏兩季的生長和採摘，鮮葉內有效成分的數量相對較少，香氣和滋味平和，較春茶遜色。

明前茶是什麼茶？所有的茶都是春茶的品質更好嗎？

我們經常聽到「明前茶」這個詞，也有「明前茶，貴如金」的說法，那麼明前茶到底是指什麼呢？

其實，明前茶是對江南茶區清明節前採製的春茶的稱呼，只是針對綠茶及少量的紅茶而言。明前茶芽葉細嫩，較少受到農藥的污染，色翠香幽，味醇形美，是茶中佳品，加上清明前茶樹發芽數量有限，產量小，因而格外珍貴。而烏龍茶和普洱茶等不存在「明前茶」的說法，茶友們在購買茶葉時可不要被忽悠了。

明前茶屬於春茶。對於某些茶類來說，春茶的品質與口感確實較其他季節的茶更好，尤其是綠茶，例如購買龍井茶時一定要選擇春茶，明前的龍井品質更是上乘。但並不是所有的茶都是春茶的品質更好。根據採摘季節不同，茶會呈現不同的口感，例如：秋季的烏龍茶味道更醇厚，回甘也較好；部分黑茶和白茶的夏茶和秋茶也很出色。此外在不同的年份，由於氣候的差異，茶葉品質也會有不同。

按茶的生長環境分類

按照茶樹的生長環境，茶可分為平地茶、高山茶和有機茶幾種類型，品質也有所不同。

◎平地茶

平地茶是指產自平地或海拔較低的地區的茶葉。這裡的茶樹生長速度快，但是芽葉較小，葉底硬薄，葉張平展，葉色黃綠少光。由這類芽葉加工而成的茶葉身骨較輕，條索細瘦，香氣和滋味都較淡，品質較為普通。

◎高山茶

高山茶是指產自海拔較高的山區的茶葉。人們常說「高山出好茶」，是因為高海拔山區的地理和氣候環境適合茶樹的生長。茶樹喜溫濕，喜陰，而高海拔山區降水量較大，空氣濕度大，能滿足茶樹的生長需要。高山茶芽肥葉壯，色綠茸多，加工而成的茶葉香氣濃郁，耐於沖泡，品質上乘。

◎有機茶

有機茶是指在生長、生產加工、包裝、存儲、運輸等各環節都沒有受到污染，且經過食品認證機構的審查和認可的茶葉。有機茶是近年來新出現的一個茶葉品種，或者說是一種新的茶葉鑑定標準，要求採用在完全無污染的產地種植、生長出來的茶芽，種植和加工過程中嚴禁使用任何農用化學品，在種植、加工、存儲和運輸的過程中都會進行監測，以保證全過程無污染，符合如今人們對食品安全和健康的需求。

按發酵程度分類

製茶工藝有萎凋、發酵、殺青、揉捻、乾燥等。萎凋是使茶葉中的水分喪失的過程，主要目的在於減少鮮葉與枝梗的含水量。在水分喪失的過程中，葉孔充分打開，空氣中的氧進入葉孔，在一定的溫度條件下，與葉子細胞的成分發生化學反應，也就是發酵。

茶葉按照萎凋與否分類，可分為萎凋茶和不萎凋茶兩種。根據製茶過程中是否有發酵過程、發酵程度以及不同工藝劃分，可將茶葉分為不發酵茶、半發酵茶、全發酵茶和後發酵茶四種。

◎不發酵茶

綠茶屬於不發酵茶，基本的加工工藝流程分為殺青、揉捻、乾燥三步，這樣製成的茶葉，鮮葉內的天然成分保存較好，茶湯青翠碧綠。

◎半發酵茶

半發酵茶的發酵程度有所不同。白茶為5%～10%發酵，屬於輕發酵茶，是用「重萎凋不發酵」做法製成的茶葉，氣味天然，很好地保留了茶的清香和鮮爽。製黃茶的過程中雖然沒有萎凋和發酵這兩道工序，但比製綠茶多了一道悶黃的工序，因此黃茶也屬於半發酵茶。烏龍茶為部分發酵茶，發酵程度為60%～70%，加工工藝較為複雜。

◎全發酵茶

全發酵茶是指100%發酵的茶葉。紅茶屬於全發酵茶類，製作時萎凋程度最高、最完全。

◎後發酵茶

黑茶屬於後發酵茶，發酵程度達80%，加工工藝一般包括殺青、揉捻、渥堆和乾燥這四步。採摘鮮葉後，不經過萎凋直接殺青，再揉捻，然後渥堆發酵，其中渥堆是製作黑茶的特有工序。

按烘焙溫度分類

烘焙的目的是蒸發茶葉內多餘的水分，通過調整烘焙的溫度與時間改變茶的色、香、味、形，增進香色和熟感，提高和固定茶的品質。根據焙火的程度，可將茶分為生茶、半熟茶、熟茶三種。

◎生茶

生茶的烘焙程度低，主要是為了保留茶本身的清香。

◎半熟茶

半熟茶的烘焙程度較高，烘焙時間較長，烘焙出的茶香氣和口味都更濃。

◎熟茶

熟茶經高溫長時間烘焙，口味為熟果香。

其他分類方法

◎按產地取名

由於不同產地的地理條件、氣候條件等不同，因此，同一種茶樹在不同產地產出的茶葉品質也不一樣。有一些茶葉命名時直接根據產地命名，如西湖龍井、洞庭碧螺春、安溪鐵觀音、祁門紅茶、黃山毛峰、廬山雲霧等。

需要說明的是，像龍井、碧螺春等名稱並不是特指西湖龍井、洞庭碧螺春，龍井茶還包括錢塘龍井、越州龍井，碧螺春還包括雲南碧螺春，只是西湖龍井、洞庭碧螺春的品質更佳、更正宗，因此更為有名。

◎按製造程序分類

按照製造程序分類，茶可分為毛茶與精茶兩類。

毛茶是茶葉經過初製後含有黃片、茶梗的產品，外形較為粗糙，大小不一。精茶是毛茶經過分篩、揀剔等程序，形成的外形整齊、品質統一的成品。

◎按照茶的原材料分類

根據製茶原料的不同，茶葉可分為葉茶和芽茶兩類。葉茶就是以葉為原料製造的茶類，這類茶需要用新鮮的葉片製作，因此要等到枝葉成熟後才摘取。芽茶則是用芽製作而成的茶類，有些芽茶以白毫多為特色，茶葉嫩芽背面生長的細茸毛經乾燥後呈現的白色物體就是白毫。

鮮葉按規格可分為單芽、一芽一葉、一芽二葉、一芽三葉、一芽四葉等。

單芽是指採茶時採摘的茶枝頂端的芽尖部分，單芽是最嫩的。一芽一葉就是一個芽頭帶一片葉子，以此類推。一般高級名優茶會採摘單芽、一芽一葉初展及一芽二葉初展的芽葉。

現代茶文化

茶文化是中國傳統文化的重要組成部分。隨著社會的發展與進步，茶文化日益繁榮，經歷了從形式到內容、從物質到精神、從人與物的直接關係到成為人際關係媒介的轉變。

茶文化以茶為載體，並通過這個載體來傳播文化，包含和體現了一定時期的物質文明和精神文明。

近年來，茶的產量大幅度增加，這為中國茶文化的發展奠定了堅實的基礎。1982年，杭州成立了第一個以弘揚茶文化為宗旨的社會團體「茶人之家」；1983年，湖北成立「陸羽茶文化研究會」；1990年，「中國茶人聯誼會」在北京成立；1991年，中國茶葉博物館在杭州西湖區正式開放；1993年，「中國國際茶文化研究會」在湖州成立；1998年，中國國際和平茶文化交流館建成……

隨著茶文化的興起，各地茶藝館越辦越多。國際茶文化研討會吸引了國際上大量的茶藝專家及愛好者。主產茶的地區紛紛舉辦「茶葉節」，如福建武夷山市的岩茶節、雲南的普洱茶節，以及浙江新昌、湖北英山、河南信陽等地的茶節。茶節以茶為載體，促進了當地經濟和文化的發展。

在注重飲食保健的今天，飲茶更為風行。茶文化在現代社會不但不會消亡，還會發揚光大。因為無論是作為一種飲品，還是作為一種文化載體，茶所具有的某些特性，剛好是現代社會所需要的。

茶是溝通精英文化與民間文化的一座橋樑

「琴、棋、書、畫、詩、酒、花、茶」，這是中國古代文人眼裡的「八雅」，其中有茶；在民間也有一種說法，叫作「柴、米、油、鹽、醬、醋、茶」，這是老百姓過日子的「開門七件事」，其中也有茶。茶是唯一一個在兩種文化層面裡都扮演著重要角色的物品。事實上，茶在現實生活中，也確實扮演著溝通精英文化與民間文化的特殊角色，它能使文人們多幾分民間情懷，也可使百姓們多幾分文人情趣。茶實在是一個很可愛的角色。

茶是撫慰人們心靈的清新劑，是改善人際關係的調節閥

現代社會，人們的生活壓力越來越大，人與人之間的利益關係使人們變得越來越疏遠、冷漠。在這種背景之下，以茶會友、客來敬茶等傳統民風便顯現出特殊的親和力和感染力。在激烈的競爭中，人們往往內心浮躁，充滿欲望。當此之際，飲一杯茶正好可以清心醒腦、消除煩躁，使心情恢復平靜。可以說，茶是最適合現代人飲用的「時尚飲品」。

茶是世俗生活與宗教境界之間的「中介體」

佛教與茶的關係堪稱水乳交融，古來素有「茶禪一味」之說。禪宗常說一句話：「如人飲水，冷暖自知。」當你手捧茶杯，欣賞著一片片翩然下墜的茶芽，品味著集香、甜、苦、澀諸多味道於一身的茶汁，就可以體會到那種只可意會、不可言傳的禪境。

茶是東方倫理和東方哲學的集中體現

東方文化非常重視將倫理道德滲透到人們的日常生活中去，而茶恰恰充當了這樣的角色。日本茶道講究「清、敬、和、寂」；中國茶學大師莊晚芳教授提出的「中國茶德」講究「廉、美、和、敬」……這些精闢的概括，無不體現了東方人在茶身上寄託的理想境界。它們是茶德，是倫理，同時也是哲學。

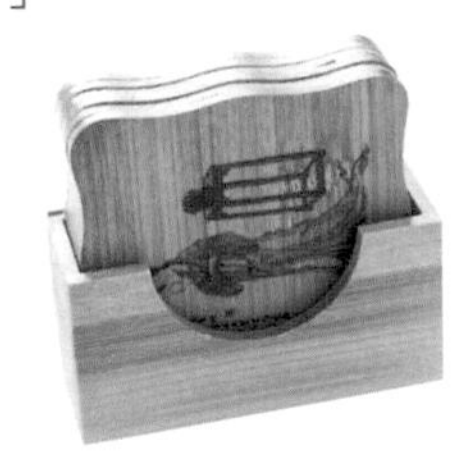
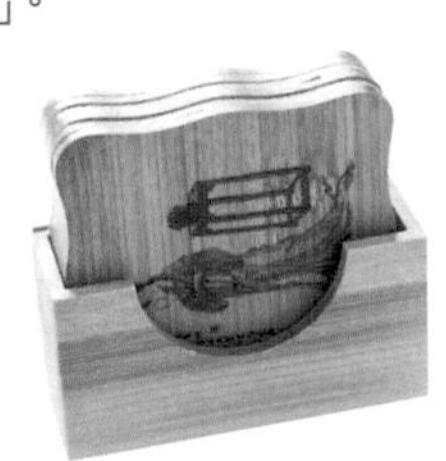

>>茶道具

君不可一日無茶

當年乾隆皇帝要退位的時候，有一位老臣勸諫說：「國不可一日無君。」乾隆卻只答了一句：「君不可一日無茶。」短短一句，道盡這位中國史上最長壽皇帝的心頭好。相傳，乾隆皇帝六次南巡到杭州，曾四次到過西湖茶區。他在龍井獅子峰胡公廟前飲龍井茶時，讚賞茶葉香清味醇，遂封廟前十八棵茶樹為「御茶」，並派專人看管，年年採製後進貢到宮中。

君子將喝茶看作一種修身養性的方式，茶道亦是一種以茶為媒的生活禮儀。通過沏茶、賞茶、聞茶、飲茶，人們增進友誼，修身養性，學習禮法。喝茶能靜心、靜神，有助於陶冶情操、去除雜念，這與提倡「清靜、恬淡」的東方哲學思想很合拍，也符合佛、道、儒所提倡的「內省修行」。

在中國歷史上，不乏好茶、愛茶的名人。除乾隆皇帝外，宋徽宗趙佶深諳飲茶之道，不但善於品嘗、鑑賞茶，還著有《茶論》（後人稱之為《大觀茶論》），詳細記述了北宋時期蒸青團茶的產地、採製、烹試，品質和北宋的鬥茶風尚。魯迅先生愛品茶，經常一邊構思寫作，一邊悠然品茗。他客居廣州時，曾經讚道：「廣州的茶清香可口，一杯在手，可以和朋友作半日談。」因此，當年廣州陶陶居、陸園、北園等茶居，都有他留下的足跡。他對品茶有獨到的見解，曾有一段著名的妙論：「有好茶喝，會喝好茶，是一種『清福』。不過要享這『清福』，首先就須有工夫，其次是練習出來的特別感覺。」

君子相約只喝茶不喝酒，因為君子坦蕩蕩，就如同這茶水，清香淡雅之中，藏著只可意會不可言傳的奧妙。喝茶對君子而言，是一種習慣，更是一種信仰。

一盞茶，溫溫入喉，職場壓力煙消雲散。

一盞茶，回味悠長，人生得失自然通透。

一盞茶，妙不可言，塵世萬象盡在其中。

第二章

泡茶

CHAPTER 2

想要喝上一杯好茶，除了要識茶、會鑑茶，還需要掌握一定的沖泡技法。

泡茶對茶具、用水、水溫、環境和泡茶者的心境等都有一定要求。不同的茶，需用不同的茶具和沖泡方法來沖泡，才能達到最好的效果。

選茶

選購茶葉時，我們既可從觀察乾茶的嫩度、條索、色澤、整碎、淨度入手，也可開湯品評，鑑賞茶湯的湯色、香氣、滋味、葉底，從而判斷茶葉的質量。下面就為大家詳細介紹茶葉選購的指標。

茶葉的五項外形選購指標

茶葉的選購不是易事，要想得到好茶葉，需要掌握大量的知識，如各類茶葉的等級標準、價格與行情，以及茶葉的審評、檢驗方法等。茶葉的好壞，主要從色、香、味、形四個方面鑑別。普通飲茶之人購買茶葉時，一般只能觀察乾茶的外形和色澤，聞乾茶的香味，僅憑外觀判斷茶葉的內在品質非常不易。這裡簡單為大家介紹一下鑑別乾茶的方法。我們可以從五個方面來鑑別乾茶的優劣，即嫩度、條索、色澤、整碎和淨度。

◎嫩度

嫩度是決定茶葉品質的基本因素。一般來說，嫩度好的茶葉容易符合該茶類的外形要求（如龍井之「光、扁、平、直」）。此外，還可以根據茶葉有無鋒苗（用嫩葉製成的細而有尖鋒的條索）去鑑別。鋒苗好，白毫顯露，表示嫩度好，做工也好。如果原料嫩度差，那麼做工再好，茶條也無鋒苗和白毫。但是，不能僅根據茸毛多少來判別嫩度，因各種茶的具體要求不一樣，如極好的獅峰龍井是體表無茸毛的。再者，茸毛容易假冒，很多茶葉的茸毛都是人工做上去的。根據茸毛多少來判斷芽葉嫩度的方法，只適合於毛峰、毛尖、銀針等茸毛類茶。

需要特別注意的是，採鮮葉時，只採摘芽心的做法是不恰當的。因為芽心是生長不完善的部分，內含成分不全面，特別是葉綠素含量很低，所以不應單純為了追求嫩度而只用芽心製茶。

總的來說，茶葉的嫩度主要看芽頭多少、葉質老嫩和條索的光潤度。此外，還要看鋒苗的比例。一般紅茶以芽頭多、有鋒苗、葉質細嫩為好；綠茶的炒青以鋒苗多、葉質細嫩、重實為好，烘青則以芽毫多、葉質細嫩為好。

◎條索

條索是指各類茶所具有的一定的外形規格，如炒青茶為條形、珠茶為圓形、龍井為扁形、紅碎茶為顆粒形等。一般來說，長條形茶看鬆緊、彎直、壯瘦、圓扁、輕重，圓形茶看顆粒的鬆緊、輕重、空實，扁形茶看平整光滑程度是否符合規格。通常茶的條索緊、身骨重、圓（扁形茶除外）而挺直，說明原料嫩，做工好，品質優；如果外形鬆、扁（扁形茶除外）、碎，並有煙焦味，說明原料老，做工差，品質劣。

◎色澤

茶葉的色澤與原料嫩度、加工技術有密切關係。各種茶均有一定的色澤要求，如紅茶應烏黑油潤、綠茶應呈翠綠色、烏龍茶應呈青褐色、黑茶應呈黑油色等。但是無論是哪一種茶類，好茶的標準均是色澤一致、光澤明亮、油潤鮮活。如果色澤不　，深淺不同、暗而無光，說明原料老嫩不一，做工差，品質劣。

茶葉的色澤還和茶葉的產地以及季節有很大關係。高山綠茶色澤綠而略帶黃，鮮活明亮；低山茶或平地茶色澤深綠有光。製茶過程中操作不當也容易使茶葉的色澤變差。購茶時，應充分考慮所購買的茶葉的特點。比如龍井中最好的品種獅峰龍井，其明前茶並非呈翠綠色，而是有天然的糙米色，呈嫩黃色，色澤明顯有別於其他龍井，這是獅峰龍井的一大特色。因獅峰龍井賣價奇高，有些茶農會將其他品種的茶製造出相同色澤以冒充獅峰龍井，方法是在炒製茶葉的過程中稍稍炒過頭，以便使葉色變黃。因此，廣大茶友應注意辨別。真假獅峰龍井的區別在於：真獅峰勻稱光潔，呈嫩黃色，茶香中帶有清香；假獅峰則毛糙，偏深黃色，茶香帶炒黃豆香。不經多次比較，確實不太容易判斷出來，但是一經沖泡，區別就非常明顯了，炒製過火的假獅峰完全沒有龍井應有的馥郁香味。

◎整碎

整碎是指茶葉的外形和斷碎程度，以勻整為好，斷碎為次。比較標準的審評方法是將茶葉放在盤中（一般為木質）旋轉，使茶葉在旋轉力的作用下，依大小、輕重、粗細、整碎形成有次序的分層。其中粗壯的在最上層，緊細重實的集中於中層，斷碎細小的沉積在最下層。各茶類都以在中層的為好。上層的茶一般較粗老，沖泡後滋味較淡，湯色較淺；下層碎茶多，沖泡後往往滋味過濃，湯色較深。

◎淨度

判斷淨度的優劣主要看茶葉中是否混有茶片、茶梗、茶末、茶籽，以及製作過程中混入的竹屑、木片、石灰、泥沙等夾雜物。淨度好的茶不含任何夾雜物。

|茶葉的四項內質選購指標|

最易判別茶葉質量好壞的方法是沖泡之後品茶葉的滋味、聞香氣、看葉底和茶湯的色澤、摸身骨（指葉質老嫩、葉肉厚薄和茶的質地輕重）。所以如果條件允許，購茶時儘量先沖泡然後嘗一下。國內茶葉品種車載斗量，非專業人士不太可能對每種茶都能判斷出好壞。同一產地的茶也會因製茶技藝的差別而有質量好壞的差別。若是特別偏好某種茶，最好查找一些該茶的資料，準確瞭解其色、香、味、形的特點，將每次買到的茶互相比較一下，這樣次數多了，很快就能掌握選茶關鍵之所在。

◎湯色

不同的茶類有不同的色澤特點。綠茶的湯色應呈淺綠或黃綠色，清澈明亮；湯色若呈暗黃色或混濁不清，定不是好茶。紅茶的湯色以紅豔明亮為佳，有些上品工夫紅茶，其茶湯可在茶杯內壁四周形成一圈黃色的油環，俗稱「金圈」；若湯色暗淡，混濁不清，必是下等紅茶。

◎香氣

通過嗅茶葉沖泡後散發的香氣，可以評判茶葉的優劣。先將茶葉用開水沖泡五分鐘，然後傾倒茶汁於碗內，嗅其香氣，以花香、果香、蜜糖香等香氣為佳。若有煙、餿、黴、老火等氣味，往往是製造過程中出了問題或包裝貯藏不良所致。

茶葉本身都有香味。如綠茶有清香，上品綠茶有蘭花香、板栗香等；紅茶有清香、甜香或花香；烏龍茶有熟桃香；花茶更是以濃香吸引茶客。若香氣低沉，定為劣質茶；有陳氣的為陳茶；有黴氣等異味的為變質茶。

◎滋味

茶葉本身的滋味包含苦、澀、甜、鮮、酸等。其所含成分比例得當，滋味就鮮醇可口。不同的茶類滋味也不一樣。上等綠茶初嘗有苦澀感，但回味濃醇，飲後口舌生津；粗茶、老茶、劣茶則淡而無味，甚至澀口、麻舌。上等紅茶滋味濃厚、強烈、鮮爽，低級紅茶則平淡無味。苦丁茶入口是苦的，但飲後口有回甜。

◎葉底

葉底是茶葉品評的一個常用術語，亦稱茶渣。想要鑑別葉底的軟硬、薄厚和老嫩程度，除可用目光觀察外，還可用手指按壓、用牙齒咀嚼等。一般來說，好的茶葉葉底柔軟勻整，色澤明亮，葉形較均勻，葉片肥厚。

新茶一定比陳茶好嗎？

通常我們把當年採摘的茶葉稱為新茶，把非當年採摘的茶葉稱為陳茶。拿綠茶來說，新茶乾茶鮮綠，有光澤，湯色呈碧綠色，有濃厚的茶香，滋味甘醇爽口，葉底鮮綠明亮；陳茶的外觀發黃，暗淡無光澤，湯色呈深黃色，香氣偏弱，口感也較差，葉底亦暗雜。

有些人認為新茶一定比陳茶好，並以此作為判斷茶葉品質優劣的標準之一。其實這個標準要因茶而異。多數情況下，新茶的品質比陳茶好，尤其是綠茶；但是對於某些茶，陳茶的品質反而更好，例如普洱茶等，普洱茶圈還有「存新茶喝舊茶」、「越陳越貴」的說法。因此評價新茶與陳茶品質時，要看是針對哪一種茶。

另外一點需要注意的是，即使是陳茶品質更好的種類，也不是說存放的時間越長越好，且存放時一定要注意存放環境，在合適的儲存條件下，一些茶的品質才會朝好的方向轉化。

選水

宋徽宗趙佶曾在《大觀茶論》中寫道：「水以清、輕、甘、洌為美。輕甘乃水之自然，獨為難得。」後人在他提出的「清、輕、甘、洌」的基礎上又增加了個「活」字。

古人大多選用天然的活水泡茶，最好是泉水、山溪水，無污染的雨水、雪水次之，接著是乾淨的江水、河水、湖水、深井中的活水，切不可使用池塘死水。陸羽在《茶經》中指出：「其水，用山水上，江水中，井水下。其山水揀乳泉、石池漫流者上，其瀑湧湍漱，勿食之。」用不同的水沖泡出的茶滋味是不一樣的，只有佳茗配美泉，才能體現出茶的真味。

明代戲曲作家張大復在《梅花草堂筆談》中寫道：「茶性必發於水，八分之茶，遇十分之水，茶亦十分矣。」水是茶的載體。沒有水，茶的色、香、味無法體現；沒有好的水，茶的色、香、味也會大打折扣。

一些書籍裡講到，有些文人雅士品茶時，常會取清晨積在花瓣上的露珠、冬日潔淨梅花上的積雪，煮後泡茶。《紅樓夢》中，妙玉最為愛茶，她認為煮茶的水比茶本身還要重要。《紅樓夢》第四十一回，她獻給賈母的茶，是用前一年從花朵上收集的純淨雨水泡的；請黛玉、寶釵喝的茶，是用從梅花上取下的存了五年的雪水泡的。現在環境質量下降，污染嚴重，我們如果要喝茶，肯定不能用花瓣上的雨水或是雪水來泡。大部分人也沒有條件享受天然的泉水。但是對於泡茶的水，我們還是要精心選擇，而不是隨意地選用自來水。

我們可以從水質、水體、水味、水溫、水源這五個方面來判別水的優劣。

1. 水質要清。水清則無雜、無色、透明、無沉澱物，最能顯出茶的本色。

2. 水體要輕。水的比重越大，說明其中溶解的礦物質越多。有實驗結果表明：當泡茶的水中的低價鐵超過0.1毫克/升時，茶湯發暗，滋味變淡；鋁含量超過0.2毫克/升時，茶湯便有明顯的苦澀味；鈣離子達到2毫克/升時，茶湯帶澀，達到4毫克/升時，茶湯變苦；鉛離子達到1毫克/升時，茶湯味澀而苦，且有毒性。所以水以輕為美。

3. 水味要甘。「凡水泉不甘，能損茶味。」所謂水甘，指的是水一入口，舌尖頃刻便會有甜滋滋的美妙感覺，咽下去後，喉中也有甜爽的回味。用這樣的水泡茶自然會使茶更好喝。

4. 水溫要洌。洌即冷寒之意。明代茶人認為，「泉不難於清，而難於寒」「洌則茶味獨全」。因為寒洌之水多出於地層深處的泉脈之中，所受污染少，泡出的茶湯滋味更純正。

5. 水源要活。流水不腐。現代科學證明細菌在流動的活水中不易繁殖，同時活水有自然淨化作用，活水中的氧氣含量較高，泡出的茶湯鮮爽可口。

四種適茶好水

溫泉水

產地：日本

產自日本鹿兒島的溫泉水是極其柔軟的飲用水。特殊的形成方式使此水有很強的滲透力，用來泡茶能很好地激發出茶味，而且用來冷泡綠茶也很合適，能比較好地保持茶葉清新的味道。

帕米爾天泉

產地：中國新疆維吾爾自治區

此水的口感類似牛奶、黃油，厚實的水體滑過喉嚨時，會帶給人柔滑的感覺。因為其水分子團很小，所以用它來泡茶，能夠最大限度地讓水與茶融合，使茶味更好地釋放。

愛斯菲爾天然冰河水

產地：加拿大

該水的水源地在加拿大溫哥華島國家自然保護區內，該地人跡罕至，沒有污染。降落在高山上的雨雪經年累月地滲透到地下，形成冰河層，人們喝這種湧出的冰河水時會有甘甜清冽的感覺，這種水自然是泡茶用水的好選擇。

安蒂波迪斯礦泉水

產地：紐西蘭

有「神仙水」之稱的Antipodes（安蒂波迪斯）天然礦泉水取自紐西蘭火山地帶，初味稍鹹，餘味清爽，入喉綿軟，令人回味無窮。

配具

古人品茶，不僅重鑑茶，也重備具。「清泉、佳茗、名具」的組合是愛茶人的一致追求，正所謂「良具益茶，惡具損味」。

品茶自古以來就是一門追求精巧、力臻雅致的藝術行為，既然是藝術，就要追求完美。因此，要想品出茶滋味，就一定要重視那些案上茶具。

茶具種類眾多，根據使用功能分類的話，大致可分為四類：主泡器、輔泡器、備水器、儲茶器。主泡器主要有壺、盅、杯、盤等，輔泡器主要有茶荷、茶巾、茶匙、養壺筆等，備水器主要有煮水器、熱水瓶等，儲茶器為存放茶葉的器皿。

茶具材料多種多樣，造型千姿百態，紋飾樣式繁多。究竟如何選用，要根據各地的飲茶風俗習慣、飲茶者的審美情趣以及品飲的茶類和環境而定。如東北、華北一帶的人多數用較大的瓷壺泡茶，然後斟入瓷碗飲用。江蘇、浙江一帶的人除用紫砂壺外，還習慣用有蓋瓷杯直接泡飲，也有用玻璃杯直接泡茶的。四川一帶則喜用瓷製的蓋碗飲茶。

茶與茶具的關係甚為密切，好茶必須用好茶具沖泡，才能相得益彰。茶具的優劣，對茶湯質量和品飲者的心情會產生直接影響。一般來說，在現在常用的各類茶具中，瓷質茶具、陶質茶具最好，玻璃茶具次之，搪瓷茶具再次之。瓷器傳熱不快，保溫功能適中，與茶不會發生化學反應，用它沏出的茶色、香、味俱佳，而且瓷器造型美觀、裝飾精巧，具有藝術欣賞價值。陶質茶具造型雅致，色澤古樸，特別是宜興紫砂為陶中珍品，用來沏茶能保持茶本身的香氣和湯色，且保溫性好，即使是在夏天，茶湯也不易變質。

茶具的材質

◎陶土茶具

陶土茶具中最具有代表性的是宜興製作的紫砂陶茶具。宜興的陶土黏力強而抗燒。用紫砂茶具泡茶，既不奪茶香，又無熟湯氣，能較長時間保持茶葉的色、香、味。

宜興紫砂壺始於北宋，興盛於明、清。它造型古樸，色澤典雅，光潔無瑕，精美之作貴如鼎彝，有「土與黃金爭價」之說。明代紫砂壺大師時大彬製作的小壺典雅精巧，作為點綴於案几的藝術品，可以增添品茗的雅趣。他製作的調砂提梁大壺呈紫黑色，珠粒隱現，氣勢雄健，清爽俐落，是古樸雄渾的精品。

紫砂壺質地緻密，又有肉眼看不見的氣孔，能吸附茶汁，蘊蓄茶味。正因為紫砂壺有這樣的特點，所以用紫砂壺泡茶時，最好一件茶具只泡一種茶，以免影響茶的味道。

◎瓷質茶具

中國的瓷質茶具產生於陶器之後，分為白瓷茶具、青瓷茶具和黑瓷茶具等幾個類別。

白瓷茶具

白瓷茶具具有坯質緻密透明，無吸水性，音清而韻長等特點。因色澤潔白，能反映出茶湯色澤，傳熱、保溫性能適中，加之色彩繽紛，造型各異，堪稱飲茶器皿中的珍品。早在唐朝時，河北邢窯生產的白瓷器具已「天下無貴賤通用之」。唐朝白居易還作詩盛讚四川大邑生產的白瓷茶碗。白瓷價格適中，適合沖泡各類茶葉。

白瓷茶具具有濃厚的歷史文化底蘊，而且造型精巧，裝飾典雅，其外壁多繪有山川河流、花草、飛禽走獸、人物故事，或綴以名人書法，具有非常高的藝術欣賞價值。

青瓷茶具

青瓷茶具主要產於浙江、四川等地。

浙江龍泉青瓷以造型古樸穩健、釉色青翠如玉著稱於世，是瓷器百花園中的一朵奇葩，被人們譽為「瓷器之花」。龍泉青瓷產於浙江西南部龍泉市境內，這裡是中國歷史上瓷器的主要產地之一。南宋時，龍泉已成為全國最大的窯業中心，其優良產品不但在民間使用廣泛，也是當時對外貿易交換的主要物品之一。特別是陶瓷家章生一、章生二兄弟倆的「哥窯」「弟窯」生產的產品，無論是釉色還是造型都達到了很高的水準。哥窯被列為「五大名窯」之一，弟窯被譽為「名窯之巨擘」。

黑瓷茶具

黑瓷茶具產於浙江、四川、福建等地。在宋代，鬥茶之風盛行，由於黑瓷茶盞古樸雅致，風格獨特，而且瓷質厚重，保溫性較好，因此為鬥茶行家所珍愛。北宋的蔡襄在《茶錄》中寫道:「茶色白宜黑盞。」四川的廣元窯燒製的黑瓷茶盞，其造型、瓷質、釉色和兔毫紋與福建產的黑瓷茶盞不相上下。浙江餘姚、德清一帶也生產過漆黑光亮、美觀實用的黑釉瓷茶具，其中最流行的是一種雞頭壺，即茶壺的嘴呈雞頭狀。日本東京國立博物館至今還珍藏著一件「天雞壺」。

◎玻璃茶具

玻璃茶具質地透明，外形可塑性強，形態各異，品茶、飲酒皆可用，因而備受青睞。用玻璃茶杯（或玻璃茶壺）泡茶，尤其是沖泡各類名優茶時，茶湯的鮮豔色澤，朵朵葉芽上下浮動、葉片逐漸舒展等景象一目了然，可以說是一種動態的藝術欣賞，別有情趣。玻璃茶具物美價廉，很受消費者的歡迎，但其缺點是易碎，隔熱效果一般，容易燙手。有一種名為鋼化玻璃的經過特殊加工的製品，牢固度較好，人們通常在出行和就餐時使用這種製品。

◎金屬茶具

金屬茶具是用金、銀、銅、錫等製作的茶具，古已有之，尤其是用錫做的貯茶器優點明顯。錫罐貯茶器多製成小口長頸，蓋為圓筒狀，密封性較好，因此防潮、防氧化、避光、防異味性能好。

唐代宮廷中曾有用金屬製作飲茶用具的做法。1987年5月，在中國陝西省扶風縣皇家佛教寺院法門寺的地宮中，挖掘出大批唐代宮廷文物，其中有一套晚唐僖宗皇帝李儇少年時使用的銀質鎏金烹茶用具，共計11種12件。這是迄今為止發現的最高級的古茶具實物，堪稱國寶。這反映了唐代宮廷中飲茶器具已十分豪華。到了現代，隨著科學技術的進步，金屬茶具基本上已銷聲匿跡。

茶具的種類、選擇與使用

◎茶壺

「器為茶之父，壺為器之王。」茶壺由壺蓋、壺身、壺底和圈足四部分組成。茶壺的材質豐富，樣式繁多。常見的茶壺有紫砂壺、瓷壺、玻璃壺等。

[選擇] 好的茶壺有以下特徵：壺蓋與壺身貼合緊密，出水流暢，壺心穩，提壺順，無滲漏，無異味、雜味，耐冷熱。

泡不同的茶葉時分別應該選擇哪一種茶壺？

古有「器為茶之父」一說，泡不同的茶葉時要選用不同的茶壺。泡重香氣的茶要選用硬度較高的瓷壺或玻璃壺，如沖泡西湖龍井、洞庭碧螺春、黃山毛峰、廬山雲霧等細嫩的名優茶。壺身宜小不宜大，大則水量大、熱量大，易使茶芽被泡熟、茶湯變色。泡重滋味的茶則要選用硬度較低的紫砂壺，如泡烏龍茶、枝葉粗老的雲南普洱茶等時，使用紫砂壺更能泡出高品質的茶汁。

從個人情趣出發，在不同季節品不同的茶，應配置相應的茶壺。如春季適合飲花茶，就配置瓷壺；夏季適合飲綠茶，就配置玻璃壺；秋季適合飲烏龍茶，就配置紫砂壺；冬季適合飲紅茶，就配置白瓷壺。

◎壺承

壺承是放置茶壺的器具，可以承接濺出的茶水，使桌面保持乾淨。相比於茶盤、茶船，壺承更為小巧，一般與茶壺底差不多大或略大。採用「乾泡法」(即不淋壺）時，可以選擇將茶壺放置在壺承上。根據質地不同，壺承可以分為紫砂壺承、陶土壺承、瓷質壺承等幾種。紫砂壺承的透氣性好；陶土壺承的表面容易附上茶汁，用完需及時清洗；瓷質壺承用起來方便，容易清洗。

◎蓋置

蓋置又叫蓋托，是泡茶的過程中用來放置壺蓋的器具。陶瓷製品比較實用，竹製品、木製品遇水比較容易裂，不好保養。

◎杯托

杯托主要是在奉茶時用來盛放茶杯的器具，還可以防止杯底的水濺濕茶桌、茶杯燙壞桌面等。

[選擇] 杯托的材質主要有竹、木、瓷、陶等幾種，可根據茶杯的材質選擇杯托的材質。

[使用] 使用後的杯托要及時清洗，用木質和竹質杯托時，清洗後還應及時晾乾。

◎茶海

茶海是用樹根，經過工藝加工製成的用於煮茶、品茶的器具。充滿智慧的勞動人民將茶的沖飲流程與古老的根藝家具相結合，既方便了煮茶、品茶，又展現了中國古老的根雕藝術。

[選擇] 好的茶海一般都是用大型的樹根製作而成的，屬於根雕藝術的一種，具有很高的藝術價值和欣賞價值。因為取材於自然，所以也有人說，好的茶海沒有兩個是完全相同的。現在茶海已經有了很多的材質，如陶、瓷、玻璃、竹、木、塑料等，大家可以根據環境、茶具材質、個人喜好等來選擇。

[使用] 茶海下層的盛水容器有一個流水的小孔，接上管了可以把水直接排出去。

※編註：「茶海」為多義詞，可代表兩種物品。一是指泡茶、品茶用的工藝器具，即上文所介紹的。另一種則是指「公道杯」(見P40)。在台灣，「茶海」一詞多指「公道杯」。

◎茶碟

茶碟為盛放茶杯的器具，形狀與盤子相似，較之更小、扁、淺。碟是指有圍邊的小盤，盤中央有一個圈，這個圈可以保護放在其上的茶杯，使杯子和杯底契合，不易晃動。

[選擇] 茶碟與茶杯應相配套。

[使用] 將茶杯放於碟中的小圈中，輕拿輕放，這樣既可使杯子不易晃動，又可顯優雅與情致。

◎茶盤

茶盤是盛放茶壺、茶杯、茶寵以及茶食等物的淺底器皿。茶盤採製廣泛，款式多樣，形狀不一，有單層的也有夾層的，夾層主要用來盛放廢水。夾層有抽屜式的，也有嵌入式的。

[選擇] 寬、平、淺為選擇茶盤的三字要訣，即盤面要寬，以儘量能夠多放茶杯為宜，方便客人多時使用；盤底要平，以保持茶杯的平穩，使茶水不易被晃出；邊要淺。其製作原材料有很多，其中金屬茶盤最為方便耐用，竹製茶盤最為清雅相宜，最時髦、實用的是電茶盤。

[使用] 端茶盤時一定要將盤上的壺、杯等茶具拿下，以免失手甩掉盤上的器具。

◎茶荷

茶荷是盛放待泡乾茶的器皿，一般用竹、木、陶、瓷、錫等製成。外形也很多樣，有圓形的、半圓形的、弧形的等。

[使用] 茶荷是置茶的用具，既實用又可充當藝術品，一舉兩得。沖茶前，先把茶葉放在茶荷中，以便欣賞茶葉的色澤和形狀，並據此評估沖泡方法及茶葉量多寡，之後再將茶葉倒入壺中。取放茶葉時，手不能直接與茶葉接觸。應用拇指和其餘四指分別捏住茶荷兩側，將茶荷置於虎口處，並用另外一隻手托住底部，以供客人仔細欣賞茶葉的條索和色澤。

◎品茗杯

品茗杯是盛放茶湯的器具。

[選擇] 一般來說，喝不同的茶應選擇不同的品茗杯，如為了充分欣賞綠茶細嫩的外形、內質，適宜選用玻璃杯；為便於欣賞普洱茶的茶湯顏色，適宜選用杯子內壁為白色或淺色的瓷杯。

[使用] 用拇指和食指輕輕地捏住杯身，用中指托著杯底，收好無名指和小指，即可持杯品茶。「品」是有講究的，既不能豪飲如牛，也不能細啜如鼠。一杯香茗，應該三口飲盡。第一口，將品茗杯置於唇舌之間，用舌尖輕沾茶水，讓舌尖蓓蕾接觸茶，然後用鼻孔吸氣，充分感受茶的香氣；第二口，喝半杯茶，讓口腔和喉嚨充分感受茶的苦甘味，品味餘甘；第三口，一飲而盡，喉嚨餘甘重來。這樣的飲法講究的是先苦後甜，象徵著人生。

◎蓋碗

蓋碗又稱「三才碗」「三才杯」，是一種上有蓋、下有托、中有碗的茶具。泡蓋碗茶，須先用開水沖一下碗，然後放入茶葉，盛水加蓋。沖泡時間依茶葉數量和種類而定，為20秒至3分鐘不等。

[選擇] 凡深諳茶道的人都知道，品茗特別講究「察色、嗅香、品味、觀形」。用蓋碗泡茶，可以觀賞茶葉的外形、湯色，茶杯不易滑落，手持茶碟也不會燙到手，用碗蓋在水面刮動還可調節茶水的濃淡。蓋碗的材質有瓷、紫砂、玻璃等，以各種花色的瓷蓋碗為多。

[使用] 用蓋碗品茶時，碗蓋、碗身、碗碟三者不可分開使用，否則既不禮貌也不美觀。品飲時，揭開碗蓋，可先嗅蓋香，再聞茶香，然後用碗蓋撥開漂浮在茶湯表面的茶葉，最後飲用。

◎公道杯

公道杯主要是用來盛放泡好的茶湯的。雖然茶湯從壺中倒出的時間總共只有短短數秒，但剛開始倒出來的茶湯和最後倒出來的在濃淡方面會有一定的差異。為避免濃淡不均，可以先把茶湯全部倒入公道杯，再分置於杯中，以保證各杯中的茶湯濃度一致。

[選擇] 公道杯的材質多種多樣，常見的有瓷、紫砂、玻璃，其中瓷公道杯和玻璃公道杯較為常用。有的公道杯還帶把柄或者過濾網，比較實用。

[使用] 待茶壺內的茶湯浸泡至適當濃度後，將茶湯倒入公道杯，再分別倒入各個小茶杯。最好選用帶把柄的公道杯，這樣可以防止燙傷手。此外，建議選用玻璃質地的公道杯或是杯內為白色胎體的公道杯，這樣便於觀察茶湯。

◎茶洗

茶洗原本是用來洗茶的工具，是潮州工夫茶茶具中的一種，翁輝東在《潮州茶經・工夫茶》一書中寫道：「烹茶之家必備三個，一正二副。正洗用以浸茶杯，副洗一以浸沖罐，一以儲茶渣暨杯盤棄水。」如今，茶洗已成為許多愛茶之人茶桌上不可或缺的道具。

[選擇] 如今，茶洗的樣式有很多，以大碗狀較為常見。大家可以根據環境以及茶杯的樣式、大小、數量等來選擇茶洗。

[使用] 茶洗的用途有以下幾種：泡茶時，將茶杯置於茶洗中，以便用開水燙杯；平時，將乾淨的茶杯放在茶洗中，以備人數較多的場合使用；將用過的茶杯放到茶洗中，加足夠的水浸泡，這樣可以避免留下茶漬，便於清洗；還可以與茶桌上的其他茶具搭配，或者用來插花、裝果盤等。

◎過濾網和濾網架

過濾網又稱為茶濾、濾網，用途是將茶葉和茶湯分離開。濾網架是承放過濾網的架子。過濾網和濾網架一般配套使用。

[選擇] 過濾網多用鋁、陶、瓷、竹、木等材料做成。鋁質的比較耐用，但是不夠美觀。陶、瓷的比較常用，但使用時要小心，不要磕碰、打碎過濾網。過濾網的網面一般是布的，也有鋁製的，一般布的要比鋁製的過濾得更乾淨。

[使用] 泡茶時，將過濾網放在公道杯杯口或茶杯杯口，用來過濾茶渣，這樣可以使茶湯更加清澈、透亮。不用過濾網時要把它放回濾網架上。使用過濾網時，要讓過濾網的把柄與公道杯的把柄平行。用過的過濾網要及時清洗。鐵質的濾網架容易生銹，因此不宜將其長時間浸泡在水中，用完要注意及時清洗、擦乾，沒有濾網架時可以用小盤或蓋子放置過濾網。

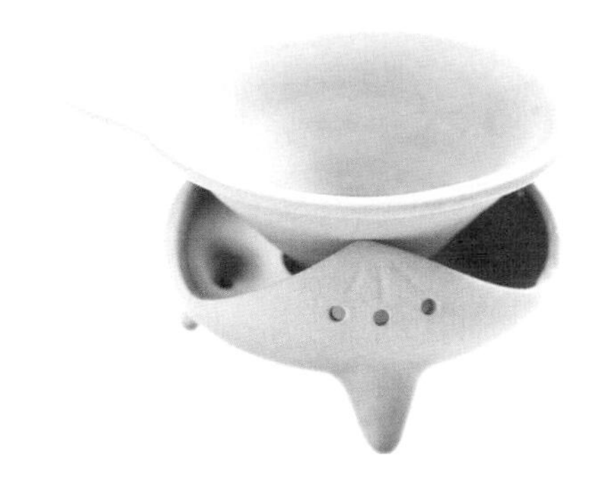

◎茶道具

茶道具主要有六件，分別是茶筒、茶匙、茶漏、茶針、茶則、茶夾，稱為「茶藝六君子」。

[選擇] 茶道具的質地多為木質，有紫檀木、雞翅木、綠檀木、鐵梨木等，其中以紫檀木為最佳，但是價格比較昂貴。另外，有很多茶道具是外面包一層皮來冒充好材質的，購買時要注意鑑別，材質好的實木一般掂起來會比較有分量。按外形分，茶筒有葫蘆形的、筒形的等幾種，選購時可以依據個人喜好來挑選。

[使用] 茶道具是泡茶時的輔助用具，使用茶道具可以使整個泡茶過程更雅觀、講究。在取放茶道具時，不可手持或觸摸會接觸到茶的部位。

·茶匙·

茶匙也稱茶鏟、茶勺，其主要用途是將乾茶葉從茶荷撥到泡茶的器皿內（茶壺或者茶杯）。

·茶漏·

把茶漏放在壺口上，可以防止放置茶葉時茶葉外漏。

·茶針·

茶針用於疏通壺嘴，以保持水流暢通。

·茶則·

茶則可用於從茶罐中取出茶葉，也可用於盛放茶葉，將茶葉展示給品茶者看。

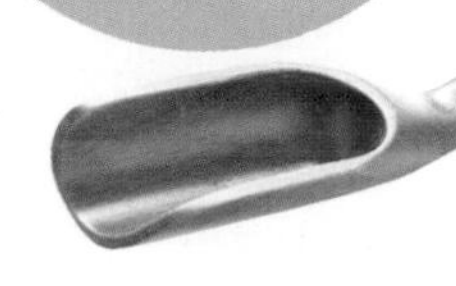

·茶夾·

茶夾也稱為茶筷，用於將茶渣從壺中夾出。也常有人拿它來夾著茶杯洗杯，這樣防燙又衛生。

·茶筒·

茶筒是盛放其他五件茶道具的器皿，也叫底座。

◎茶巾

茶巾又稱為茶布，是用麻、棉等纖維製成的。茶巾是清潔用具，可以用來擦拭茶具上的水漬、茶漬，尤其是壺、杯等物品側面、底部的水漬和茶漬。茶文化是一種休閒文化，格外講究外觀與細節，和茶相關的器物都以精緻、小巧為佳，茶巾也是如此。

講究而內行的人喝茶時，桌上不會出現髒的東西，因此茶巾所起的作用只是擦乾水而已。附著在茶巾上的除了清水，便是茶水，最多是茶葉或茶渣。所以，茶巾不會顯髒，更不會有異味。

[選擇]

茶巾按材質來分，可分為棉布、麻布等幾種，購買時可拿樣品試用一下，應挑選吸水性較好的茶巾使用。茶巾的花色有印花的和素色的兩種，可以根據茶桌顏色和個人的喜好來選擇。

[使用]

使用茶巾時，應將拇指放在上面，其餘四指在下托起茶巾。用左手拿茶巾，右手持茶具，擦拭茶漬、水漬等。

[清洗方法]

1. 針對剛沾上茶漬的茶巾，可立即用70～80℃的熱水洗滌，便可洗淨。

2. 針對有舊茶漬的茶巾，可用濃鹽水浸洗，或用氨水與甘油混合液（1：10）揉洗。不可用氨水洗絲製品和毛織物，針對這兩種材質的茶巾，可先用濃度為10％的甘油溶液揉搓，再用洗滌劑洗，然後用水沖淨。茶巾不宜曝曬，以免變硬。

[折疊方法]

可將茶巾等分成四部分，分別向內對折，再等分成四部分，並分別向內對折，最後再對折一次即可。（圖1～8）

◎養壺筆

養壺筆形似毛筆，是養壺及護理高檔茶盤的專用筆，經常被用來刷洗紫砂壺的外壁，和紫砂壺配套使用。

[選擇] 養壺筆的筆頭一般是用動物的毛製作而成的，筆桿一般是用牛角、木、竹等製成的。選購時需注意，養壺筆筆頭的毛不能有異味，且必須牢固，否則容易脫落。

[使用] 養壺筆可用來刷茶葉碎、清潔茶壺死角，還可用來養壺。用養壺筆將茶湯均勻地刷在壺的外壁，使壺的每一面都能接受到茶湯的洗禮，這樣可以讓壺的表面保持油潤、光亮、美觀。養壺筆用完後要及時清洗，並把筆頭的水控乾。現在很多愛茶之人也用養壺筆來養護茶寵。

◎茶刀

茶刀又名「普洱刀」，是用來撬取緊壓茶葉的工具，如撬取普洱餅茶、磚茶、沱茶等。

[選擇] 茶刀的質地有竹子、金屬等幾種，還有用動物比較堅硬的骨、角製成的茶刀。其中以金屬茶刀比較常見。

[使用] 使用時，正確的方法是將茶刀從茶餅或者茶磚的側邊插入，向裡或往外撬。茶餅和茶磚都是一層層壓製的，茶刀的作用是「解開」茶餅或茶磚。通俗而且形象的說法是「剝茶」，即把茶剝下來，注意不是砍，不是切，更不是剁。用茶刀的最大好處是，剝茶時可以最大限度地減少解茶餅過程中產生的碎茶。多數茶刀都比較銳利，使用時務必注意安全，用力時，使刀尖的方向朝外，不要對內，以免割傷手。

◎茶寵

茶寵又稱茶玩，顧名思義就是用茶水滋養的「寵物」，多是用紫砂或澄泥燒製的陶質工藝品。

有些茶寵製作工藝精湛，具有很高的收藏價值。還有些茶寵有中空結構，澆上熱水後會產生吐泡、噴水的有趣現象。茶寵有一個共同的特點，那就是只有「嘴」，沒有「肛門」。這決定了它「吃」東西只能進不能出，人們以這種方式來表達「財源廣進，滴水不漏」的中華傳統生財理念。

[選擇] 常見的茶寵造型有金蟾、貔貅、辟邪，寓意招財進寶、吉祥如意。

[使用] 喝茶時，可以用茶巾蘸茶湯擦茶寵或將茶水直接淋在茶寵上，這樣時間久了，茶寵就會溫潤可人，茶香四溢。茶寵並不是只能用普洱茶養，但用普洱茶養更容易出效果。

使用時，還要注意以下兩點：

①宜選擇大小適中的茶寵，不要選太大的。

②養茶寵的過程中，需用茶水澆灌，不要用白水，這樣茶寵摸上去才會有溫潤順滑的手感。

◎茶葉罐

茶葉罐是用來貯存乾茶葉的容器。

[選擇]

1. 木質茶葉罐

木質茶葉罐密封性能較好，價格適中，適合一般家庭貯存茶葉使用。

2. 紙質茶葉罐

紙質茶葉罐密封性能一般，價格低廉，適合大眾家庭使用，但不宜用這種茶葉罐存放較名貴的茶。將茶葉放在紙質茶葉罐中後，要儘快將茶葉飲完，不宜將茶葉長時間存放在裡面。

3. 不銹鋼茶葉罐

這種茶葉罐密封性能較好，價格適中，防潮、防光性能較好，適合一般家庭貯藏茶葉使用。

4. 錫質茶葉罐

錫質茶葉罐密封性能佳，防光、防潮、防異味性能好，適合用來貯藏比較名貴的茶葉，但價格偏高。

5. 竹質茶葉罐

竹質茶葉罐密封性能一般，價格適中，適合用來存放中低檔的茶葉。

6. 陶瓷茶葉罐

陶瓷茶葉罐密封性能一般，防光、防潮性能好，缺點是不耐用，不小心的話容易摔碎。

7. 鐵質茶葉罐

鐵質茶葉罐密封性能一般，防光性能較好，防潮性能較差，時間長了，還有可能生銹，因此不適宜用來存放名貴茶葉。

[使用] 應將茶葉罐置於陰涼處，不要放在會被陽光直射、有異味、潮濕、有熱源的地方。為了提高密封性，可以在裝好茶葉後，用膠帶再進行一次封口。考慮到需要經常取用的情況，建議用容量小一點的茶葉罐。

在使用紫砂和陶製的茶葉罐前，最好先用茶湯洗一次再晾乾，或者先將不喝的茶葉放在裡面一段時間，去除茶葉罐本身的陶土味後再用來儲藏茶葉。

泡煮

中國茶人崇尚一種妙合自然、超凡脫俗的生活方式，飲茶、泡茶即是如此。

茶生長於山野峰谷之間，泉出沒在深壑岩罅之中，兩者皆孕育於青山秀谷，成為一種遠離塵囂、親近自然的象徵。

茶重潔性，泉貴清純，這些品質都是人們所追求的。人與大自然有割捨不斷的緣分。名家煮泉品茶所追求的是在寧靜淡泊、淳樸率直中尋求高遠的意境和「壺中真趣」。在淡中有濃、抱樸含真的泡茶過程中，人們實現了一種高層次的審美追求。今天的很多人難以理解喝杯茶為什麼要如此講究，那是因為中國古老的茶道形式和內容多已失傳，許多人甚至不知中國有茶道，不知茶有所謂「雀舌、旗槍」「明前、雨前」之分，水有惠山泉水、揚子江心水、初次雪水之別，品茶還要講人品和環境協調，領略清風、松濤、竹韻、梅開、雪霽等。凡此種種，盡在一具一壺、一品一飲、一舉一動的微妙變化之中。下面就為大家介紹常見的煮茶、泡茶方式。

泡茶有很多講究，不同的地方泡茶的方法雖有不同，但基本要求是一樣的，其中很重要的一點是，為了將茶葉的色、香、味充分地沖泡出來，使茶葉的營養成分儘量被飲茶者吸收，應注意茶與水的比例。一般來說，茶與水的比例根據茶葉的種類及嗜茶者自身的情況等而有所不同。嫩茶、高檔茶用量可少一點，粗茶的用量應多一點，烏龍茶、普洱茶等的用量也應多一點。嗜茶者喝紅茶、綠茶時，茶與水的比例一般為1：50～1：80，即若放3克茶葉，則應加入150～240毫升水，以此類推；普通的飲茶人可將茶與水的比例控制在1：80～1：100。喝烏龍茶時，茶葉用量應增加，茶與水的比例以1：30為宜。用白瓷杯泡茶時，每杯可投茶葉3克，加入250毫升水；用一般的玻璃杯時，每杯可投放茶2克，加入150毫升水。

下面介紹兩種傳統泡茶法以及幾種現在常見的泡茶法。

|傳統泡茶法|

◎煮茶法

直接將茶放在釜中煮熟，是中國唐代以前最普遍的泡茶法，其過程大體是：首先將茶餅研碎，然後將精選的水置於釜中，以炭火燒開，但不能全沸。再加入茶末，茶與水交融，二沸時出現沫餑，沫為細小茶花，餑為大花，此時將沫餑舀出，置於水盂之中。繼續燒煮，茶與水進一步融合，至波滾浪湧，稱為三沸。茶湯煮好後，將其均勻地斟入每只碗中，包含雨露均施、同分甘苦之意。

◎點茶法

此法為宋代鬥茶所用，茶人自吃亦用此法。此法不直接將茶煮熟，而是先將茶餅碾碎，置於碗中待用。以釜燒水，水微沸初漾時即沖點入碗。但茶末與水同樣需要交融於一體，於是一種工具應運而生，這就是「茶筅」。茶筅是打茶的工具，有金製的、銀製的、鐵製的、竹製的，以竹製的為主，文人美其名曰「攪茶公子」。將水倒入茶碗後，需以茶筅用力攪拌，這時水茶交融，漸起沫餑，「潘潘然如堆雲積雪」。茶的優劣，以沫餑出現是否快、水紋露出是否慢來評定。

|工夫泡茶法|

工夫茶起源於宋代，在廣東的潮州府（今潮汕地區）及福建的漳州、泉州一帶最為盛行。蘇轍有詩曰：「閩中茶品天下高，傾身事茶不知勞。」品工夫茶是潮汕地區很有名的風俗之一，在潮汕本地，家家戶戶都有工夫茶具，每天必定要喝上幾輪。即使是僑居海外的潮汕人，也仍然保留著品工夫茶的習慣。可以說，有潮汕人的地方便有工夫茶的影子。

工夫茶以濃度高著稱，初飲易嫌其苦，習慣後則嫌其他茶不夠滋味了。泡工夫茶用的是烏龍茶，如鐵觀音、鳳凰水仙等。烏龍茶介於紅茶、綠茶之間，為半發酵茶，只有這類茶才能沖出工夫茶所要求的色、香、味。

欲飲工夫茶，須先有一套合格的茶具。茶壺（潮州人稱之為「沖罐」）一般是陶製的，以紫砂壺為最優。壺為扁圓鼓形，長嘴長柄，很是古雅，有兩杯壺、三杯壺、四杯壺之分。將壺倒置在桌上，若其口、嘴、柄均著桌且可連成直線，則為好茶壺。優者若置水中，則平穩不沉。精巧別致、潔白如玉的小茶杯，直徑不過5釐米，高只有2釐米，又分寒暑兩款。寒杯口微收，取其保溫性；暑杯口略翻飛，易散熱。

◎泡工夫茶的八個步驟

1.治器

治器包括起火、掏火、扇爐、潔器、候水、淋杯六個動作。好比太極拳中的「太極起勢」，治器是一個預備階段。起火後大約十幾分鐘，燒水壺中就颼颼作響，當聲音突然變小，就是魚眼水（即快要沸騰、鍋底開始冒小泡的水）將成之時，此時應立即將燒水壺提起，淋罐淋杯，再將燒水壺置於爐上。

2.納茶

打開茶葉罐，把茶葉倒在一張潔白的紙上分辨粗細，先把最粗的放在壺底，再將細末放在中層，最後將一般粗細的放在上面。這樣做是因為細末泡出的茶湯是最濃的，細末多了茶味容易過苦，同時也容易塞住壺嘴。分粗細放好，就可以使茶湯更均勻，使茶味逐漸散發。

納茶時，以茶壺為準，每一泡茶的茶葉體積應為茶壺容量的十分之七。如果茶葉太多，不但泡出的茶太濃，味帶苦澀，而且好茶葉多是嫩芽緊捲，經沸水沖泡舒展開後，會變得很大，連水也沖不進去了。但是，茶葉的量太小也不行，茶湯會沒有味道。

3.候湯

《茶說》雲：「湯者茶之司命，見其沸如魚目，微微有聲，是為一沸。銚緣湧如連珠，是為二沸。騰波鼓浪，是為三沸。一沸太稚，謂之嬰兒沸；三沸太老，謂之百壽湯；若水面浮珠，聲若松濤，是為二沸，正好之候也。」《大觀茶論》中也有記載：「凡用湯以魚目蟹眼連鋒進躍為度。」

4.沖茶

當水二沸時，就可以提壺沖茶了。揭開茶壺蓋，將滾湯環壺口、沿壺邊沖入，切忌直沖壺心（如用蓋碗，同樣忌直沖碗心）。沖茶時宜將壺提高，正所謂「高沖低斟」，這樣可以使沸水有力地沖擊茶葉，使茶的香味更快散發。

5. 刮沫

泡茶時，沖水一定要滿。若是好茶，水加滿後茶沫浮起，但決不溢出（沖水過猛、過多致水溢出壺面不算）。此時應提壺蓋，輕輕刮去壺口的茶沫，蓋定。

6. 淋罐

蓋好壺蓋，再以滾水淋於壺上，謂之淋罐。淋罐有兩個作用：一是追加熱氣，使熱氣內外夾攻，逼使茶香迅速散發；二是可沖去壺外茶沫。

7. 燙杯

曾有一位喝茶專家到處總結喝茶的經驗，在喝了工夫茶後，他說：「工夫茶的特點就是一個『熱』字。」從煮湯、沖茶到飲茶都離不開這一個字。燙杯在淋罐之後，用沸水燙杯時要注意，沸水要直沖杯心。老手可以同時用兩手洗兩個茶杯，動作迅速，姿態優美。杯洗完了，再把杯中之水傾倒入茶盤。這時，茶壺外面的水分也剛剛好蒸發完了，正是茶熟之時。老手於此，絲毫不差。

8. 倒茶

泡茶的最後一道工序就是倒茶。倒茶也有四字要訣：低，快，勻，盡。

「低」就是前面提及的「高沖低斟」的「低」。倒茶切不可高，高則香味散失，泡沫四起，對客人極不尊敬。

「快」也是為了使香味不散失，且可保持茶的熱度。

「勻」是指倒茶時必須像車輪轉動一樣，一杯杯輪流倒，不可倒完一杯再倒下一杯，這樣可以使每一杯茶同色、同香、同量。

「盡」就是不要讓餘水留在壺中。第一泡還可以留一點，第二、三泡切記不可留。倒完以後，還要把茶壺倒過來放在茶墊上，這樣可以使壺裡的水分完全流出。

紫砂壺泡法

受「美食不如美器」觀念的影響，中國自古以來，無論是飲還是食都極看重器之美。

紫砂壺分為以下五大類：光身壺、花果壺、方壺、筋紋壺、陶藝壺。光身壺造型是在圓形的基礎上加以演變，用描繪、銘刻等多種手法來製作的，以滿足不同藏家的需求。花果壺是以瓜、果、樹、竹等自然界的物種為題材，加以藝術創作，使其充分表現出自然美和返璞歸真的意味。方壺的造型將點、線、面結合起來，製作靈感來源於器皿和建築等題材，以書畫、銘刻、印版、繪塑等作為裝飾手段，壺體莊重穩健。目前的方壺創作更注重將方與圓結合，剛柔並濟，更能體現人體美學。筋紋壺俗稱「筋瓤壺」，是以壺頂為中心向外圍放射有規則線條的壺，豎直線條叫筋，橫線稱紋，故也稱「筋紋器」。陶藝壺是一種似圓非圓、似方非方、似花非花、似筋非筋的形狀較抽象的壺，採用油畫、國畫之圖案和色彩來裝飾。

從功能上看，用紫砂壺泡茶有七大好處：

1. 燒成後的紫砂壺為雙氣孔結構，有良好的透氣性、吸杳性、保溫性，特別適合沖泡鐵觀音及普洱茶，不奪真香，無熟湯味。

2. 紫砂壺透氣性能好，用其泡茶，茶不易變味，暑天越宿不餿。久置不用，也不會有宿雜氣，只要用時先注滿沸水，立刻傾出，再浸人冷水中沖洗，即可恢復元氣，泡茶仍可得原味。

3. 紫砂壺能吸收茶汁，壺內壁不刷，沏茶絕無異味。紫砂壺經久使用，壺壁積聚茶銹，以致在空壺中注入沸水，也會茶香氤氳，這與紫砂壺胎質上有細微的氣孔有關，這是紫砂壺的一大特點。

4. 紫砂壺冷熱急變性能好，即使在寒冬臘月，往壺內注入沸水，壺身也不會因溫度突變而脹裂。同時砂質傳熱緩慢，泡茶後握持不會燙手。還可將茶壺置於文火上加溫，壺不會因受火而裂。

5. 紫砂壺使用得越久，壺身色澤越發光亮照人，氣韻溫雅。紫砂壺長久使用，器身會因常被撫摸擦拭而變得越發光潤可愛。

6. 紫砂壺做成後一般不施釉，表面平整光滑，富有光澤。經茶水反復沖泡後，壺的表面光澤度會越來越好，越發古雅，最後像美玉一樣讓人感到溫潤、親切。所以用紫砂壺泡茶的過程既是養壺的過程，也是人與壺進行情感交流的過程，更是修身養性的過程。

7. 正如大畫家唐雲先生所說：「中國人的紫砂壺，在世界上是一絕，集書畫、詩文、篆刻、雕塑於一體，又由於不施釉彩，以素面立身，自有大氣魄。有的銘文還滲透進禪機佛埋，令人把玩時生出無限遐思，讓玩壺人常有所得，常有所悟。」所以說用紫砂壺泡茶更有情趣，更見功力。

在保養紫砂壺的過程中要始終保持壺的清潔，尤其不能讓紫砂壺接觸油污，這樣可以保證紫砂壺的通透。在沖泡的過程中，先用沸水澆壺身外壁，然後往壺裡沖水，也就是常說的「潤壺」。泡完茶後，要及時用棉布擦拭壺身，不要將茶湯留在壺面上，否則久而久之壺面上會積滿茶垢，影響紫砂壺的品相。紫砂壺使用一段時間後要有「休息」的時間，一般要晾三五天，讓整個壺身徹底乾燥。

紫砂壺泡茶法的具體操作步驟見p.142。

蓋碗泡茶法

蓋碗大部分是由陶瓷燒製而成的，由茶碗、茶蓋、茶碟組成。蓋碗茶具上常有名人繪的山水花鳥，碗內又繪避火圖。大家可以從很多電視劇中瞭解到，在清代，宮廷皇室、大家貴族都喜歡用蓋碗喝茶。清代茶碟花樣繁多，有圓形的、荷葉形的、元寶形的等。

如今，蓋碗是四川人最愛使用的飲茶工具之一。四川的茶館和尋常百姓家，使用的茶具十有八九都是蓋碗。在很多川菜館裡，我們還會喝到四川的「八寶茶」，材料是普通的茶葉加上紅棗、桂圓、冰糖等，也是用蓋碗裝的。菜館裡還有茶博士，拎一大號銅壺，倒茶時輕輕一斜，一股細流直沖碗底，頓時香氣撲鼻。

蓋碗的由來

從唐代開始，飲茶的專用茶盞逐漸普及，後來又發明了盞托。宋元時，這種茶盞得以沿襲，明清時開始配以盞蓋，於是形成了一盞、一蓋、一碟式的三合一蓋碗。

關於盞托的發明有一則小故事：唐代宗寶應年間，有一位姓崔的官員愛好飲茶，其女也有相同愛好，且聰穎異常。因茶盞中注入茶湯後，飲茶時人會感覺很燙手，其女便想出一法，取一小碟墊托在盞下。但剛要喝時，杯子卻滑動傾倒，其女遂又想一法，即用蠟在碟中做一個同茶盞底大小差不多的圓環，用以固定茶盞，這樣飲茶時，茶盞既不會傾倒，又不至於燙手。後來，托茶盞的小碟演化成漆製品，稱為「盞托」。這種一盞一托式的茶盞既實用，又增添了茶盞的裝飾效果，給人以莊重之感，遂流傳至今。

宋代盞托的使用已相當普及，多為漆製品。明代後又在盞上加蓋，既增加了茶盞的保溫性，使之能更好地浸泡出茶汁，又增加了茶盞的清潔性，可防止灰塵侵入。品飲時，一手托盞，一手持蓋，還可用茶蓋撥動漂在茶湯面上的茶葉，增添了喝茶的情趣。

◎蓋碗泡茶的好處

魯迅先生在《喝茶》一文中曾這樣寫道：「喝好茶，是要用蓋碗的。於是用蓋碗。果然，泡了之後，色清而味甘，微香而小苦，確是好茶葉。」

中國人講究喝熱茶，方能沁脾、提神、清心。

用蓋碗喝茶可以說真正把飲茶藝術實用化了。茶碗上大下小，下面有茶碟可以避免燙手。左手端起茶碟，右手拿蓋在水面刮動，不必揭蓋，半張半合，就可以從茶碗與碗蓋縫隙間細吮茶水，還可用碗蓋遮擋茶葉，避免了壺堵杯吐之煩。用碗蓋在水面刮動，還可以使整碗茶水上下翻湧，輕刮則淡，重刮則濃。用蓋碗泡茶不僅可以防止燙手，還可防止茶湯從茶碗中濺出打濕衣服，因此在招待客人時，用蓋碗敬茶更顯敬意。

蓋碗泡茶法是一種較為節省時間的泡茶法，沒有很多講究。相較於紫砂壺，蓋碗的突出優點是泡得多、所需時間短。另外，蓋碗的保溫性較好。

用蓋碗泡茶時，可以用碗蓋控制開口的大小，茶友能在最短的時間內把茶湯瀝盡，葉底一目了然。紫砂壺用對了確實可以出神入化，但要求茶友必須熟知每把壺的壺性，且一把壺只能泡一種茶，甚至一款茶，局限比較大。便宜的蓋碗幾塊錢就可以買一個，但是好的蓋碗並不比紫砂壺便宜。

◎喝蓋碗茶的姿態

喝蓋碗茶講究姿態，從一個人喝茶的姿態可以看出這個人的職業。看川劇中的角色，如果是秀才，他喝茶的姿勢是很文雅的，一般用左手端起茶碟，右手捏起茶蓋向外撥動水面，喝茶的時候，用茶蓋遮住口鼻，輕吹細吮茶水，那叫「斯文」。如果是一介武夫，通常是左手一把抓起茶碟，右手一把抓起茶蓋，使勁地撥動水面，然後大口地喝出動靜來，那叫「牛飲」。再看青衣、花旦喝蓋碗茶，拿杯蓋的手要做成蘭花指的樣子，那叫「淑女」。

◎蓋碗泡茶的具體方法

蓋碗泡茶法可分為個人使用與多人使用兩種方式。

個人使用：

1. 置茶：在蓋碗中放入適量茶葉。通常150毫升容量的蓋碗，若打算只沖泡一次，建議放2克茶葉即可。可依個人的喜好稍作調整。

2. 沖水：以適當溫度的熱水沖泡茶葉。

3. 計時：按上述的茶水比例，茶需要浸泡10分鐘方得適當濃度。

4. 飲用：打開碗蓋，感受香氣，用碗蓋撥動茶湯，欣賞茶湯的顏色和茶葉舒展後的姿態，並使茶湯濃度均勻。將蓋子斜蓋於碗上，留出一道縫隙，大小既足以出水，又可以濾掉茶渣，之後連托端起飲用。

多人使用：

1. 備具：準備好茶具和水。（圖1）

2. 溫碗、溫杯：用熱水將蓋碗溫熱，這樣既可以提高蓋碗的溫度，也可烘托茶香以利聞香。再用溫碗的水溫杯。（圖2～4）

3. 置茶：將茶荷內的茶葉置入碗中。（圖5）

4. 沖第一道茶：在蓋碗中沖入熱水，沿碗邊按順時針方向緩慢注水，沖水量以蓋子不會浸入水中為原則。用碗蓋刮去碗沿上的泡沫。（圖6～7）

5. 倒茶：稍等片刻，即將茶湯倒入公道杯內。要控制好碗蓋開口的大小，這樣既可以使大塊茶葉不掉出，又能將茶湯順暢地倒出來。再將公道杯內的水倒入茶杯，最後將第一泡茶倒掉。（圖8～9）

6. 繼續泡茶：沖泡第二道茶，根據茶葉特性、個人口感調整水溫以及浸泡茶葉的時間，再將茶水倒入公道杯，最後倒入茶杯，即可飲用。（圖10～11）

3
4
5
6
7
8
9
10
11

玻璃杯泡法

玻璃杯最適合用來泡綠茶和花草茶。用玻璃杯泡茶的好處是可以清楚地看到茶葉的形狀和湯色，使沖泡過程更有美感。而且玻璃杯材質比較穩定，在沖泡過程中不會釋放有害物質，不會破壞茶性和口味。壞處是遇熱易碎，要防止在杯中加入沸水時杯子破裂、傷到人。玻璃杯上最好不要有複雜的花紋，透明度要高，杯子也不要太厚，否則冬天泡茶時杯子容易被燙裂。另外杯子大小應合適（容量以250毫升為宜），還要易於清洗。

泡飲之前，先欣賞乾茶的色、香、形。取一杯之量的茶葉，置於無異味的白紙上，先觀看茶葉形態，名茶的造型因品種不同而不同，或條形，或扁形，或螺狀，或針狀；再觀看茶葉色澤，或碧綠，或深綠，或黃綠；最後嗅乾茶香氣，或奶油香，或板栗香，或鍋炒香，或不可名狀的清新茶香，這樣就可以充分領略各種名茶的天然風韻。

用玻璃杯泡茶有三種方法，分別是上投法、中投法和下投法。上投法是先加水後加茶，下投法是先加茶後加水，中投法是加水一加茶一加水。泡茶時，可視茶條的鬆緊不同，採用不同的沖泡法。

無論採用哪一種玻璃杯泡茶法，泡茶前，都應先洗淨茶杯。先向玻璃杯內傾注 1/3 容量的開水，然後使玻璃杯杯口朝左，放於左手掌心，用右手指尖扶杯，使玻璃杯按逆時針方向轉動，直至水滴全部傾出至水盂。清洗玻璃杯既是對客人表示尊重，又可提高玻璃杯的溫度，避免正式沖泡時玻璃杯炸裂。

◎上投法

對於外形緊結重實的名茶，如碧螺春、都勻毛尖、蒙頂甘露、廬山雲霧、凌雲白毫等，可用上投法沖泡。

洗淨茶杯後，先將85～90℃的熱水沖入杯中，然後取茶投入，一般不加蓋，茶葉便會自動徐徐下沉。有的茶葉直線下沉，有的茶葉徘徊緩下，有的則上下沉浮後降至杯底。乾茶吸收水分後逐漸展開，現出一芽一葉、一芽二葉、單芽或單葉的生葉本色。芽似槍、劍，葉如旗，湯面水氣夾著茶香緩緩上升，趁熱嗅茶湯香氣，令人心曠神怡。茶湯顏色或黃綠碧清，或乳白微綠，或淡綠微黃。隔杯觀察，還可見到湯中有細茸毫沉浮游動。茶葉細嫩多毫，湯中散毫就多，此乃嫩茶特色。這個過程稱為濕看。

採用上投法泡茶，會使杯中茶湯濃度上下不一，茶的香氣不容易揮發。因此，品飲用上投法沖泡的茶時，最好先輕輕搖動茶杯，使茶湯濃度上下均衡，茶香得以揮發。

待茶湯涼至適口，即可品嘗茶湯滋味，宜小口品啜，緩慢吞咽，讓茶湯與味蕾充分接觸，細細領略名茶的風韻。此時舌與鼻並用，可從茶湯中品出嫩茶香氣，頓覺沁人心脾，此謂一開茶，此時應著重品嘗茶的頭開鮮味與茶香。飲至杯中茶湯尚餘1/3時（不宜全部飲乾），再續加開水，謂之二開茶。若泡飲的是芽葉肥壯的名茶，二開茶湯正濃，飲後舌本回甘，餘味無窮，齒頰留香，身心舒暢。飲至三開，一般茶味已淡，續水再飲就顯得有些淡薄無味了。

◎中投法

中投法的沖泡方法是先加水，再加茶，最後再加水。從茶葉罐中用茶匙取出適量茶葉放於茶荷中，如果取的是嫩芽小葉、易碎的上等綠茶，就要注意在取茶的過程中勿用力挖取，應輕顛茶罐將茶葉倒入茶荷，然後以微微傾斜的角度拿起茶荷以便欣賞。在此過程中，可向客人簡要介紹此茶的品質特徵，以引發客人興趣。

接著，將熱水倒入杯中，水溫在80～85℃，注水量為杯子容量的1/4～1/3，再用茶匙將茶荷中的茶葉撥入玻璃杯中，茶與水的比例為1：50。靜候15秒左右，再高沖注水，使杯中的茶葉上下翻滾，這樣有助於茶葉的內含物質析出，茶湯的濃度可達到上下一致。將水量控制在七分滿。

中投法其實就是分兩次注水，此法適合沖泡較細嫩且高香的茶，如龍井。因為細嫩且高香的茶葉經不得高溫和水衝擊的傷害，但又需要溫度來激發茶葉的香氣，所以採用中投法，先加水後加茶，可保護茶葉不受熱力傷害，第二次加水可激發茶香。

◎下投法

下投法適合沖泡粗壯、粗老的茶葉。這樣的茶葉營養物質內斂，需用溫度高的水使其內含的物質析出，高溫、高沖可以激發茶香，使芳香最大程度地散發。

用下投法泡茶時，先用茶匙將茶葉從茶筒中撥到茶荷上。水初沸後，停止加溫，待水溫回落，將熱水倒入茶壺。然後，用茶匙把茶荷中的茶撥入茶杯，接著將水倒入杯中，茶與水的比例約為1：50。靜待片刻，即可看到茶芽逐漸舒展，顯出勃勃生機。倒水時，可以採用「鳳凰三點頭」的方法，即用手腕的力量上下提拉茶壺注水，反覆三次，連綿的水流可以使茶葉在杯中上下翻滾，促使茶湯均勻，同時也蘊含著三鞠躬的禮儀，似象徵著吉祥的鳳凰前來行禮。品茶時，輕輕轉動杯身，茶香飄來，先聞其香，再輕吸一口，細心品味。

下面，我們來展示三種玻璃杯泡茶法。圖中所用的茶葉分別為碧螺春、西湖龍井、安吉白茶。所選擇的泡法分別為上投法、中投法、下投法。

首先在三個玻璃杯內分別沖入沸水，燙洗玻璃杯，然後將廢水倒入茶盤。（圖1～3）

上投法：在玻璃杯內沖入熱水，約八分滿即可，接著投入適量碧螺春，靜候片刻即可品飲。（圖4～6）

中投法：先在玻璃杯內沖入熱水，水量約為玻璃杯容量的1/3，再投入適量西湖龍井，待茶葉舒展後，繼續加適量熱水，靜候片刻即可品飲。（圖7～9）

下投法：先在玻璃杯內投入安吉白茶，再沖入熱水。高沖緩收，即可欣賞美麗的「茶舞」。（圖10～12）

飄逸杯泡法

飄逸杯是現代人們研發出來的泡茶工具，它的出現使泡茶的過程輕鬆了許多。飄逸杯可以使茶葉和茶湯分離乾淨。

◎飄逸杯結構介紹

①高密度過濾網：可過濾掉細小的茶葉和茶渣，讓人喝到更醇、更可口的好茶。

②下壓鍵：下壓鍵一般能承受十萬次以上的按壓。

③卡槽：杯體獨特的卡槽設計可以讓內膽和杯體緊密嵌合，同時又能輕鬆旋轉取出內膽。

④外杯：外杯的玻璃可耐150℃的瞬間溫差，即便是用冷壺泡熱茶，也不用擔心杯體炸裂。

⑤可拆洗內膽：方便清洗，能保證茶水中沒有茶葉和茶渣。

飄逸杯的優點

1. 可使茶葉、茶湯分離，並自動過濾茶渣，改善用普通茶壺泡茶時，若不及時將茶湯倒出，茶葉會浸泡過久，導致茶味苦澀的缺點。

2. 看得到茶湯，容易控制濃淡。

3. 飄逸杯既可用來泡茶，也可用來飲茶，不必另備茶海、杯子、濾網等。

4. 泡茶速度快，適合居家待客時使用，可同時招待多位朋友，不會有沖泡不及之尷尬。

5. 用途多，適用於多種場合。放在辦公室自用時，可將外杯當飲用杯；招待客人時，可將外杯當公道杯。

6. 容易清洗，掏茶渣相當方便，只要把內膽向下傾倒，茶渣就會掉出來，然後用清水沖洗即可。

◎ 飄逸杯泡茶的具體方法

不是每個喝茶之人都有一套茶具，很多人習慣用飄逸杯來泡茶。用飄逸杯泡茶多少也有一些講究，畢竟它的出水方式和我們以往習慣用的紫砂壺和蓋碗都不一樣。

1. 燙杯：泡茶前，把飄逸杯的內膽、外杯還有蓋子都好好燙一遍，然後將燙杯的水倒掉。飄逸

1. 燙杯：泡茶前，把飄逸杯的內膽、外杯還有蓋子都好好燙一遍，然後將燙杯的水倒掉。飄逸杯如果有一段時間沒有用過，在泡茶之前一定要將其燙洗乾淨，保證沒有異味。燙杯時還要確認控制出水杆的下壓鍵是否好用。

2. 置茶：用飄逸杯泡茶時，置茶量相對可以隨意一些。如果著急喝，可以採取多置茶、快速出湯的方式。

3. 洗茶：喝生茶時洗茶步驟很簡單，先沖入熱水，讓茶葉吸收充足的水分，然後將水倒掉就可以了。如果沖泡老茶或是熟茶，洗茶的過程要稍微麻煩一些，因為老茶和熟茶受到灰塵和異味污染的可能性更大。洗老茶和熟茶時，注水的力度相對要大、要猛，出水要快。注滿沸水後，要立即按出水杆，因為如果速度慢了的話，一些被激起的雜質會再次附著在茶葉上，這樣就達不到洗茶的目的了。倒掉洗茶水之後不要忘記刷一下杯子。

4. 沖泡：洗茶後，看一下內膽裡的茶葉，如果感覺茶已經洗淨了，就進行正常的沖泡。這時和之前洗茶時相反，注水要輕柔，以保證茶湯的勻淨。

5. 出湯：按下出水杆的下壓鍵，等待茶湯漏入杯中即可。需要注意的是，用飄逸杯泡茶時出湯要快一些，而且要出盡。

6. 品飲：出湯之後，即可飲用。

冷水泡茶法

中國茶文化自古講究用熱水沏茶，聞香品味。人們都習慣於用熱水沏茶，認為只有熱水才能把茶葉的味道和兒茶素、礦物質等對人體有益的成分泡出來。事實上，用冷水泡茶的效果一點兒也不差，只要有足夠的耐心，茶的清香、營養素就會慢慢滲出來。正如一首湘西民歌唱的那樣：「冷水泡茶慢慢濃……」時下，在日本、韓國等地悄然興起了用冷水泡茶的熱潮。

專家發現，用冷水沖泡茶，不僅能使茶葉釋放更多的兒茶素，還可以讓咖啡因含量降低。泡出好喝的冷泡茶後，可以將其隨身攜帶，這種方法適合忙碌的上班族、學生、開車族等。

◎冷泡茶益處多

1. 便捷

在外出旅遊、爬山、乘火車或其他無法燒熱水的場合，只要有純淨水或礦泉水就可泡茶。清涼可口的冷泡茶不僅可以解渴消暑，還可以提神益思。

2. 降血糖

冷泡茶因為茶葉浸泡的時間較長，所以其中的多糖成分能被充分泡出，這種成分對糖尿病具有較好的輔助治療效果。

3. 營養健康

茶葉具有很高的營養價值，用冷水沖泡既能保留茶葉的口味，又不會破壞茶葉中的營養成分。研究顯示，用冷水泡茶兩小時後，茶葉中的鞣酸、游離型兒茶素等水溶性成分的浸出量就會超過用熱水泡的茶；而用冷水泡茶8小時後，不溶於水的酯型兒茶素等成分的浸出量也可達到用熱水泡的茶的70%左右。

4. 不影響睡眠

茶葉中的咖啡因具有一定的提神效果，這是很多人喝了茶晚上失眠的主要原因。而用冷水沖泡綠茶可以減少咖啡因的釋放，不傷胃也不影響睡眠，因此敏感體質的人或胃寒者均適合飲用冷泡綠茶。

◎哪些茶適合用冷水泡？

不是每種茶葉都適合用冷水泡。一般來說，發酵時間越久，茶中的含磷量相對就越高，冷泡茶應儘量選擇含磷量較低的發酵程度低的茶。以最常見的茶品來說，綠茶適合用冷水泡，而發酵程度較高的紅茶、鐵觀音、普洱茶等則不那麼適合。

◎冷水泡茶的步驟

1. 準備茶葉、冷開水、礦泉水瓶等。
2. 將茶葉放入礦泉水瓶中，倒入冷開水，冷開水跟茶葉的比例約為50：1，可依個人口味增減茶量。
3. 等待1～3小時後，即可將茶湯倒出飲用。
4. 可以將未喝完的茶放入冰箱冷藏，但保存時間不要超過24小時。

不同的茶葉分別應該用多少度的水沖泡？

泡茶時，水溫的高低是決定能否泡好一杯茶的關鍵之一。水溫過高，茶葉會被燙熟，導致茶湯失去鮮爽感，茶葉的色、香、味、形全被破壞；水溫過低，會導致茶葉浮在湯面上，香氣低，湯色淺，滋味淡，無法體現茶葉色、香、味、形的特徵。

泡茶的水溫因茶而定。高級綠茶，特別是芽葉細嫩的名綠茶，一般用80℃的溫開水沖泡。水溫太高容易破壞茶中的維生素C，咖啡因容易浸出，致使茶湯變黃，滋味較苦。飲泡各種花茶、紅茶、中低檔綠茶時，則要用90～100℃的沸騰過的水沖泡。若水溫低，則茶葉中的有效成分浸出少，茶湯滋味淡。

沖泡烏龍茶、普洱茶和沱茶時，因每次用茶量較多而且茶葉粗老，所以必須用100℃的水沖泡。少數民族飲用的緊壓茶，則要求水溫更高，沖泡時需將茶敲碎再熬煮。通常茶葉中的有效物質在水中的溶解度跟水溫有關，在60℃的溫水中有效物質的浸出量只相當於在100℃水中的45%～65%。

如何去除茶具上的茶垢

很多喜歡喝茶的人都有一個小小的煩惱，那就是茶具上很容易出現茶垢。面對這個問題，很多人都會用鋼絲球或是絲瓜絡等比較粗糙的清洗工具來刷洗。這樣的確可以起到清洗的效果，但這種方法很容易傷害茶具表面的釉質，使之變得越來越薄。慢慢地，茶垢就會完全滲入茶具裡面，茶具就會變成茶湯的顏色，而且怎麼洗也洗不掉。

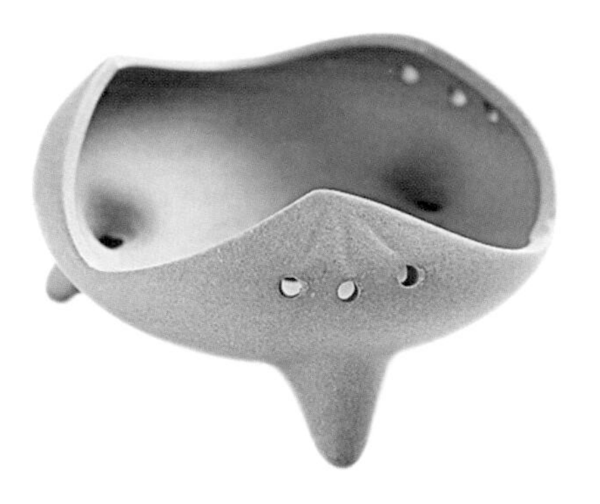

有些老壺友喜歡自己的茶杯裡積有一層厚厚的茶垢，似乎這樣可以證明自己愛喝茶。有的人甚至認為用有茶垢的茶具泡茶，茶才更有味。其實，用有茶垢的茶具泡的茶口味並不會更好。因此，我們在愛喝茶的同時也應該勤於刷洗茶具，這才是良好的生活習慣。

茶水長時間暴露在空氣中，茶葉中的茶多酚與金屬離子在空氣中發生氧化作用，便會生成茶垢，附在茶具內壁，而且會越積越厚。因此，最好及時將它們清洗掉。

最好的清洗茶具的方法是：每次喝完茶後，立刻把茶葉倒掉，用水把茶具清洗乾淨。如果能夠長期保持這種良好的習慣，那麼不需要用任何清洗工具，茶具就能保持明亮的光澤。但有很多人喝完茶後就去休息或是做別的事情，常常忘記清洗茶具，直到下次喝茶的時候才會清洗茶具。這時經過長時間的浸泡，很多茶具都會染上茶的顏色，這種顏色用清水是洗不掉的。這個時候，可以在茶具上擠少量的牙膏，用手或是棉花棒把牙膏均勻地塗在茶具表面，大約一分鐘後再用水清洗。這樣，茶具上面的茶垢很容易就被清洗乾淨了。用牙膏清洗茶垢，既方便，又不會損壞茶具或傷手。還可在水中加入小蘇打，將積有茶垢的茶壺浸泡一晝夜，再搖晃著反覆沖洗，便可將其清洗乾淨。

品鑑

當你進入繽紛多彩的茶世界中，一定會常常聽到飲茶、喝茶和品茶等名詞，你是否曾好奇它們究竟有何差別呢？

飲茶有喝茶和品茶之分。喝茶的目的在於解渴，滿足人的生理需要，為人體補充水分。尤其是在劇烈運動、體力流失之後，人們往往急飲快咽，直到解渴為止，對於茶葉質量、茶具配置、茶水選擇以及周遭環境並無太多要求，只要茶水能達到衛生標準就可以了。

品茶的目的卻不是解渴，而是將飲茶看作一種對藝術的欣賞和生活的享受。品茶要在「品」字上下功夫，仔細體會，徐徐品味。茶葉要優質，茶具要精緻，茶水要純淨。泡茶時要講究周圍環境的典雅寧靜，邀兩三知己，圍桌而坐，以悠閒自在的心情來飲茶。通過觀色、聞香、嘗味獲得舒暢感，達到精神昇華。品茶的主要目的在於感受意境，而不在於喝多少茶，「解渴」在品茶中已顯得無足輕重了。

茶蘊含著大自然的生命力，而茶文化也是中華文化的重要組成部分。「茶中亞聖」盧仝曾作詩，將品茶的好處與境界寫得生動別致、耐人尋味：「一碗喉吻潤，兩碗破孤悶。三碗搜枯腸，惟有文字五千卷。四碗發輕汗，平生不平事，盡向毛孔散。五碗肌骨清，六碗通仙靈，七碗吃不得也，惟覺兩腋習習清風生。」

找一處舒適、整潔的地方，室內或室外都可以。為這個地方增加一些美麗的點綴，如簡單地佈置一些插花、雕像或者是圖畫，若有流動的水聲效果會更好。緩慢、仔細地泡一杯茶，盡享茶中的韻味與樂趣吧！

儲茶

一個喜愛飲茶的人不能不知道茶葉的存放方法，因為品質很好的茶葉，如不善加保存，很快就會變質，出現顏色發暗、香氣散失甚至發黴的現象。

影響茶葉品質的因素

影響茶葉品質的因素主要包括茶葉本身的含水量、光線、溫度、環境含氧量等。

◎茶葉含水量

茶葉中水分含量超過5%時，茶葉品質會加速劣變。

◎溫度

茶葉所處環境的溫度越高，茶葉的色澤越容易變成褐色，低溫冷藏（凍）可有效減緩茶葉變色及陳化。

◎環境含氧量

引起茶葉劣變的各種物質的氧化作用，均與氧氣的存在有關。

◎光線

光線照射會對茶葉產生不良的影響。光照會加速茶葉中各種化學反應的進行，此外，葉綠素經光線照射易褪色。

茶葉的陳化

茶葉陳化是指在自然條件下，經過時間的推移，茶葉成分發生的變化。

◎葉綠素

葉綠素是影響茶葉外觀色澤的重要成分，會因高溫和紫外線照射產生褐變。葉綠素對綠茶和輕發酵、輕焙火的包種茶影響較大。

◎維生素C

維生素C會因氧化而減少。茶葉含水量超過6%、高溫、日照都會使維生素C大量減少。維生素C減少會使茶湯變成褐色，滋味也會變得不清爽。

◎茶多酚的氧化和聚變

茶多酚在茶葉存放的過程中被氧化，形成茶黃素與茶紅素，進而成為褐色素，這會使湯色變深、變暗，還會使茶湯的滋味變差。

◎脂類物質的水解與胡蘿蔔素的氧化

茶葉中的脂類物質在存放過程中會被氧化、水解，變成游離脂肪酸、醛類或酮類，進而出現酸臭味。存放過程中，胡蘿蔔素也會被氧化。

◎氨基酸

隨著存放時間增加，茶葉中的氨基酸數量會逐漸減少，導致茶葉的品質下降。

茶葉的貯存方法

茶葉是可耐久存放的產品，只要保存得當（如保持乾燥、避免吸入異味、避免陽光直射等），就可以長時間存放。茶葉標示的保存期限一般為兩年。一般來說，即使超過保存期限，只要茶葉不發黴，那麼經過適當烘焙，除了沒有原來的清香味外，陳年茶湯還是可以飲用的，有些陳茶還別有一番滋味。下面介紹幾種茶葉的貯存方法。

◎塑料袋、鋁箔袋貯存法

最好選有封口的食品級塑料袋來保存茶葉，注意選擇材料厚實、密度高、無味道的。裝入茶後應儘量擠出袋中空氣，如能用另一個塑料袋反向套上再封口保存則效果更佳。用透明塑料袋裝茶後，袋子不宜被陽光照射。以鋁箔袋裝茶，原理與用塑料袋裝相同。另外，買回來的茶要分袋包裝，密封後置於冰箱內，然後分批沖泡，以減少茶葉開封後與空氣接觸的機會。

◎金屬罐貯存法

可選用鐵罐、不銹鋼罐或質地密實的錫罐貯存茶葉。針對新買的罐子，或是原先存放過其他物品的留有味道的罐子，可先將少許茶末置於罐內，然後蓋上蓋子，上下左右搖晃，使茶葉輕擦罐壁後將其倒掉，以去除異味。如能先用乾淨、無異味的塑料袋裝茶，再將塑料袋置入罐內，蓋上蓋子後用膠帶把蓋口封上則效果更佳。應將裝有茶葉的鐵罐置於陰涼處，不要把它放在陽光可以直射、有異味、潮濕、有熱源的地方，這樣鐵罐才不易生銹，亦可減緩茶葉陳化、劣變的速度。

◎低溫貯存法

低溫貯存法是指將貯存茶葉的環境溫度保持在5℃以下，也就是使用冷藏庫或冷凍庫保存茶葉。使用此法時應注意：

①貯存期在6個月以內時，冷藏溫度以維持在0～5℃為佳；貯存期超過半年時，以冷凍-10～-18℃的環境中為佳。

②能將茶葉貯存在專用的冷藏（冷凍）庫中最好，如必須與其他食物放在一起，則應先將茶葉妥善包裝，完全密封，以免茶葉吸附異味。

◎暖水瓶貯存法

將茶葉裝進新買回的暖水瓶中，然後用白蠟封口並裹上膠布。此法最適用於家庭貯存茶葉。

◎乾燥劑貯存法

乾燥劑的種類可依茶類和取材是否方便而定。貯存綠茶時，可用塊狀未潮解的石灰；貯存紅茶和花茶時，可用乾燥的木炭；有條件者也可用變色矽膠。

貯存茶葉時應注意的問題

一次購買很多茶葉時，應先用小包（罐）分裝，再放入冷藏庫。平時喝茶時，不宜將同一包茶反覆冷凍、解凍。從冷藏庫內取出茶葉時，應先讓茶罐內茶葉的溫度回升至與室溫相近，才可取出茶葉，否則驟然打開茶罐，茶葉容易凝結水氣，從而加速劣變。從罐中取茶時，切勿以手抓茶，以免汗臭或其他不良氣味被茶吸附。最好用茶匙取茶，用一般家庭使用的鐵匙取茶亦可。

切勿將茶罐放於廚房或潮濕的地方，也不要將其和衣物等放在一起，最好是放在陰涼乾爽的地方。如果能謹慎貯藏茶葉，茶葉即使放上幾年也不會壞，陳年茶的特殊風味還可帶給飲茶者別樣的感受。購買了多類茶葉時，最好分別用不同的茶葉罐貯存，並在茶葉罐上貼上紙條，清楚寫明茶名，購買日期，茶的焙火程度、焙製季節等。

保存陳茶時，可用膠帶將蓋口封住，並定期（如每年）烘焙一次。若保存得當，雖然茶湯的清香會受影響，但其中的多酚類物質會因為繼續氧化聚合所產生的後發酵作用，降低茶中咖啡因的苦味，使茶湯更醇厚。避免茶葉劣變的要訣在於保持乾燥，讓茶葉中的多酚類物質以緩慢漸進的方式演化，這種物質有降血脂、減肥、降血糖、暖胃、醒酒、生津止渴等功效。

貯存茶葉時，還需要注意以下問題：

1. 將茶葉含水量控制在3%～5%才能長時間保存茶葉。焙火及乾燥程度與茶葉貯藏期限有相當重要的關係，焙火較重、含水量較低者可貯存較久。

2. 茶葉貯存期滿時，應取出再焙火。可洗淨電飯鍋至無味，拭乾，然後將茶葉倒在瓷盤或鋁箔紙上，再放入電飯鍋。將開關切至「保溫」位置，將鍋蓋半掩，適時翻動茶葉，約半天時間，茶味會由陳舊味轉清熟香。若用食指、拇指捏之即碎，代表火候夠了。待茶葉降溫冷卻後，可重新包裝貯藏。當然，最穩妥的方法還是將珍藏的茶葉請熟識的茶師或茶農代為焙火。

心情鬱悶喝綠茶

如果你常常覺得心情鬱悶，想發脾氣或是身熱、口渴，從中醫角度看是有心火、虛火，適合飲用能滋陰降火的綠茶。

四肢發涼喝紅茶

如果你常常感到四肢發涼，說明你的身體末梢循環不佳、新陳代謝較緩，適合飲用性溫的紅茶。紅茶可以改善體內的血液循環，溫暖身體，使膚色紅潤。飲用時，可在紅茶中加入桂圓一起沖泡飲用，暖身效果更好。

消化不良喝烏龍茶

如果你容易腹脹，則適合飲用對腸胃有益的烏龍茶。不過不要在進餐過程中飲用烏龍茶，也不要餐後立即飲用，最好等到餐後半小時再飲用。

想瘦身喝生普洱茶

通常認為，綠茶、生普洱茶、岩茶等都有瘦身效果，尤其是產自雲南高山的普洱茶更是有獨特的燃脂功效，能讓體脂代謝速度加快。

想體味清新喝花茶

《本草綱目》中記載茉莉能香肌、潤膚、長髮，亦能「入茗湯」。茉莉花茶氣味清香持久，早晚各喝一杯茉莉花茶有利於體味清新。

想明目喝菊花茶

長期使用電腦者眼睛易疲勞。菊花對眼睛疲勞有很好的療效，經常覺得眼睛乾澀的電腦族多喝些菊花茶很有好處。

想美白喝薏仁綠茶

試著連續飲用一周薏仁綠茶，你可能會發現自己的膚色提亮了，而且薏仁還有滋陰潤燥的功效，能滋潤皮膚。

你需要哪一種茶？

每種茶的性質不同，每個人的體質也不同，所以一定要選適合自己的茶。如綠茶的抗氧化功效好，但體寒的人喝了反而會感到不適。另外，要根據季節喝茶，春夏季節易上火，可以多喝綠茶、花茶；冬天冷，可多喝些性溫的茶。

名茶品鑑

第三章

名茶品鑑

CHAPTER 3

中國茶葉種類齊全，品種繁多，因採製加工方法的不同，形成了千姿百態、豐富多彩的茶品。從綠茶、紅茶、烏龍茶、白茶、黃茶、黑茶，到現在流行的花草茶，其品鑑方法各式各樣、異彩紛呈。

之前我們已經介紹過七大常見茶類的基本特點。每一類茶的加工工藝流程都不同，根據加工工藝的區別，我們可以迅速分辨某種茶屬於哪一類。將六大基本茶類中的任意一種加上鮮花等配料，即可製成花茶。

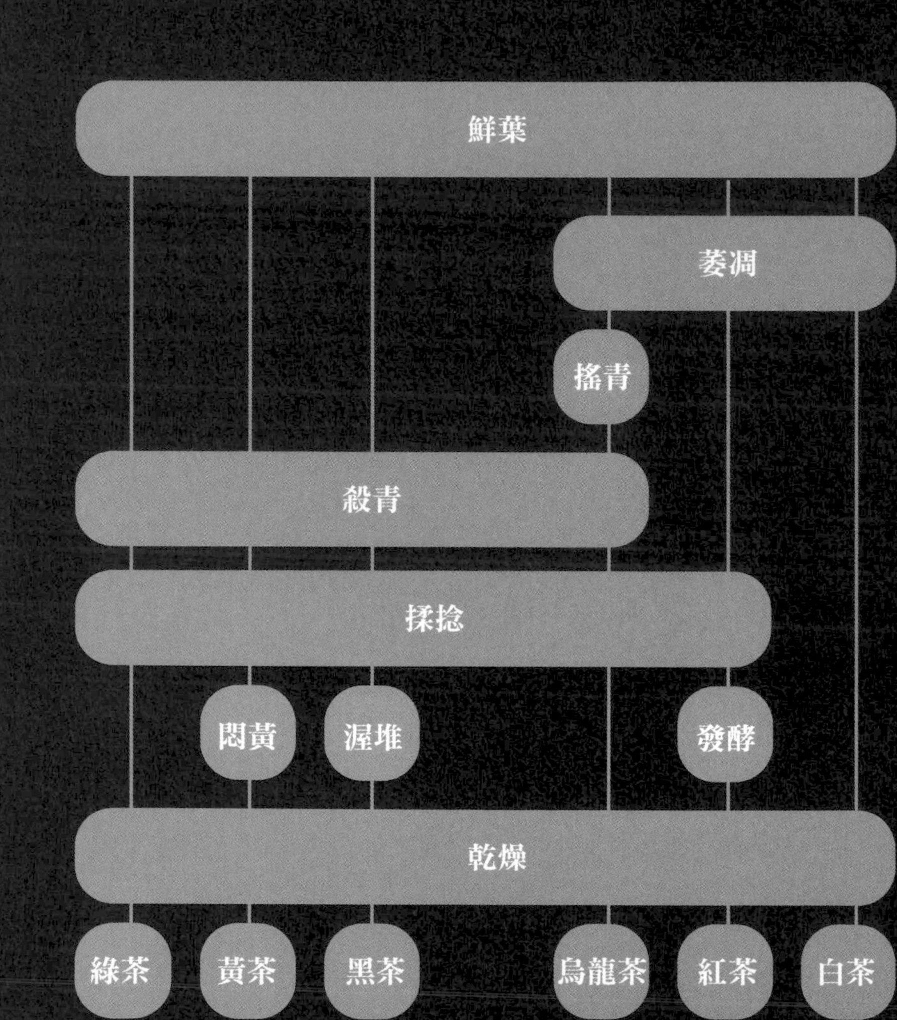

綠茶

綠茶是國內產量最大、飲用範圍最廣的一種茶。綠茶的加工簡單地說可分為殺青、揉捻和乾燥三道工序。

殺青

殺青對綠茶的品質起著決定性的作用。殺青是綠茶加工製作的頭道工序，做法是把摘下的嫩葉加高溫，抑制發酵，使茶葉保持原有的綠色，同時減少葉片中的水分，便於進一步加工。高溫會破壞鮮葉中酶的活性，抑制多酚類物質氧化，防止葉子變紅。隨著水分的蒸發，鮮葉中具有青草氣的低沸點芳香物質逐漸揮發消失，從而使茶葉香氣得到改善。除特種茶外，該過程均在殺青機中進行。影響殺青質量的因素有殺青溫度、投葉量、殺青機種類、殺青時間、殺青方式等。

揉捻

揉捻是塑造綠茶外形的一道工序。通過外力作用，使葉片揉破變輕，卷轉成條，體積縮小，便於沖泡。同時部分茶汁被擠出後會附著在茶葉表面，對提高茶濃度有重要作用。揉捻工序有冷揉與熱揉之分。所謂冷揉，即將殺青葉攤涼後再揉捻；熱揉則是殺青葉不經攤涼而趁熱進行揉捻。嫩葉宜冷揉，以保持黃綠明亮的湯色以及嫩綠的葉底；老葉宜熱揉，以利於條索緊結，減少碎末。目前，除名茶仍用手工操作外，大部分綠茶的揉捻作業已實現機械化。

乾燥

乾燥的目的是蒸發水分，整理外形，使茶香充分揮發。乾燥的方法有烘乾、炒乾和曬乾三種形式。綠茶的乾燥工序一般是先烘乾，再進行炒乾。揉捻後的茶葉含水量仍較高，如果直接炒乾，茶葉在炒乾機的鍋內很快會結成團塊，茶汁也會黏結在鍋壁上。因此必須先烘乾茶葉，使茶葉的含水量降低至符合鍋炒的要求。

西湖龍井

◎佳茗簡介

西湖龍井位居十大名茶之首，歷史悠久。《茶經》中就有杭州天竺、靈隱二寺產茶的記載。北宋時期，龍井茶區已初步形成規模，當時靈隱寺下天竺香林洞的香林茶、上天竺白雲峰產的白雲茶和葛嶺寶雲山產的寶雲茶已被列為貢品。蘇東坡手書的「老龍井」等匾額至今仍存於龍井村獅峰山腳下的壽聖寺胡公廟內。到了南宋，杭州成了國都，當地的茶葉生產有了進一步的發展。

元代，龍井茶的品質得到了進一步提升。愛茶人虞伯生在《遊龍井》中寫道：「徘徊龍井上，雲氣起晴晝。澄公愛客至，取水挹幽竇。坐我詹莆中，餘香不聞嗅。但見瓢中清，翠影落碧岫。烹煎黃金芽，不取穀雨後，同來二三子，三咽不忍漱。」可見當時文人雅士看中龍井一帶風光幽靜，又有好泉好茶，故常結伴前來飲茶賞景。

>> 杭州西湖

明代，龍井茶名聲逐漸遠播，開始走出寺院，為尋常百姓所飲用。明嘉靖年間的《浙江匾志》記載：「杭郡諸茶，總不及龍井之產，而雨前細芽，取其一旗一槍，尤為珍品，所產不多，宜其矜貴也。」明萬曆年的《杭州府志》有「老龍井，其地產茶，為兩山絕品」之說。由此可見，在當時龍井已是茶中極品。萬曆年《錢塘縣誌》又記載：「茶出龍井者，作豆花香，色清味甘，與他山異。」此時的龍井茶已被列為中國名茶。明代黃一正收錄的名茶錄及江南才子徐文長輯錄的全國名茶中，皆有龍井茶。

如果說在明代，龍井茶還與其他名茶不相上下的話，至清代，龍井茶則可以說是名列前茅了。清代學者郝懿行考「茶之名者，有浙之龍井，江南之芥片，閩之武夷雲」。乾隆皇帝六次下江南，四次來到龍井茶區觀看茶葉採製，品茶賦詩。胡公廟前的十八棵茶樹還被封為「御茶」。從此，龍井茶馳名中外，問茶者絡繹不絕。近人徐珂稱：「各省所產之綠茶，鮮有作深碧色者，唯吾杭之龍井，色深碧。茶之他處皆蜷曲而圓，唯杭之龍井扁且直。」

民國期間，龍井茶成為中國名茶之首。自1949年以來，國家積極扶持龍井茶的發展，龍井茶被列為國家外交禮品茶。茶區人民在政府的關懷下，選育新的優良品種，改舊式柴鍋為電鍋，推廣先進的栽培採製技術，建立龍井茶分級質量標準，使龍井茶生產走上了科學規範的發展道路。

從龍井茶的歷史演變看，龍井茶之所以能成名並發揚光大，一是因為龍井茶品質好，二是因為龍井茶本身的歷史文化淵源。所以龍井茶體現的不僅僅是茶的價值，還有文化藝術的價值。

◎產地分布與自然環境

西湖龍井產於浙江省杭州市西湖周圍的群山之中。多少年來，杭州不僅以美麗的西湖聞名於世，也以西湖龍井譽滿全球。西湖龍井分一級產區和二級產區，一級產區包括傳統的「獅（獅峰）、龍（龍井）、雲（雲棲）、虎（虎跑）、梅（梅家塢）」五大核心產區，二級產區是除了一級產區外西湖區其他產龍井的茶區。其中人們普遍認為產於獅峰的龍井品質最佳。獅峰龍井產於獅峰山一帶，香氣高銳持久，滋味鮮醇，色澤略黃，俗稱「糙米色」。

西湖龍井地理標誌產品保護範圍為杭州市西湖區現轄行政區域，這裡有獨特的有利於茶樹生長發育的自然條件，為芽葉的生長和物質代謝提供了良好、穩定的生態環境，有利於茶葉中氨基酸等含氮化合物與芳香物質的形成和積累，為西湖龍井茶香高味醇的品質奠定了基礎。

地理特點

茶樹分布在山地、丘陵地帶，地勢西南高、東北低，山脈大多呈西南一東北走向，近似為平行的帶狀分佈。

氣候特點

當地的氣候是典型的亞熱帶季風氣候，四季分明；氣候溫和，熱量資源豐富；雨量充沛，空氣濕潤；冬有寒潮，夏有伏旱。

氣溫

年平均氣溫15～17℃，活動積溫（把大於等於10℃持續期內的日平均氣溫累加，得到的總和叫作活動積溫）4500～5400℃，無霜期210～260天。

光照

年均光照時數1700～2100小時。

水量

年均降水量1330～1570毫米，雨量由西南向東北遞減，年均空氣相對濕度75%～82%。

土壤

茶園土壤多屬紅壤、黃壤及其變種，以紅泥沙土、紅黏土、黃泥土等土種為主，土壤pH值為4.5～6.5。

植被

當地植被有常綠落葉林和落葉闊葉林，以及人工培育的馬尾松林和毛竹林等。

>> 獅峰山

◎選購

西湖龍井按產地可分為「獅、龍、雲、虎、梅」五個品類。「獅」字號為獅峰一帶所產，「龍」字號為龍井、翁家山一帶所產，「雲」字號為雲棲、五雲山一帶所產，「虎」字號為虎跑一帶所產，「梅」字號為梅家塢一帶所產。其中，獅峰所產的龍井被公認為品質最佳。獅峰龍井又分為許多品種，如「嬰兒茶」為3月所採；「女兒茶」「黃毛丫頭茶」是清明前採的茶，是茶中的極品；「皇帝茶」原是供給皇上的；「姑娘茶」「嫂子茶」和「婆婆茶」則沒有什麼營養價值。

西湖龍井以前分為特級和一級至十級共11個品級，其中特級又分為特一、特二和特三，其餘每級又分為5個等級，每級的「級中」設置級別標準樣。隨後，分級稍作簡化，改為特級和一至八級，共分43個等級。到1995年，進一步簡化了西湖龍井的分類級別，只設特級和一級至四級。後來，改為分特級和一至五級，共6個級別。

[特級] 一芽一葉初展，扁平光滑。

[一級] 一芽一葉開展，含一芽二葉初展，較扁平光潔。

[二級] 一芽二葉開展，較扁平 。

[三級] 一芽二葉開展，含少量二葉對夾葉，尚扁平。

[四級] 一芽二、三葉與對夾葉，尚扁平，較寬，欠光潔。

[五級] 一芽三葉與對夾葉，扁平，較毛糙。

鑑別西湖龍井時，可用以下方法：

>>龍井茶芽

一 摸

用手摸茶葉，判斷茶葉的乾燥程度。隨意挑選一片乾茶，放在拇指與食指之間用力捻。若成粉末，說明乾燥度足夠；若成小碎粒，說明乾燥度不足，或者茶葉已受潮。乾燥度不足的茶葉比較難儲存，香氣也不高。

二 看

看乾茶是否符合西湖龍井的基本特徵，判斷指標包括外形、色澤、勻淨度等。

三 嗅

聞一聞乾茶是否有煙、焦、酸、餿、黴等劣變氣味和其他不良氣味。

四 嘗

若干茶的含水量、外形、色澤均符合要求，可開湯審評。取3～4克西湖龍井置於茶碗中，沖入80℃的溫開水150～200毫升，3分鐘後先嗅香氣，再看湯色，細嘗滋味，後評葉底。這個環節最為重要。

此外，西湖龍井的銷售企業由中國政府部門嚴格按條件審批確認，並對其銷售行為全程監控。茶葉包裝外貼有銷售企業的防偽標識，並有國家原產地域產品標誌。2005年起，西湖龍井的包裝上開始使用新的防偽標識，將防偽標識和原產地域產品標誌二碼合一，消費者可以撥打新標識上的電話號碼，獲取自己所購買的茶葉的有關信息，從而辨別茶葉的真假。

◎品質

西湖龍井素以「色綠、香郁、味甘、形美」四絕著稱，馳名中外。春茶中的特級西湖龍井外形扁平光滑，苗鋒尖削，芽長於葉，色澤嫩綠，體表無茸毛；湯色嫩綠（黃）明亮；有清香或嫩栗香，部分茶還帶高火香；滋味清爽或濃醇；葉底嫩綠，尚完整。其餘各級茶葉隨著級別的下降，外形色澤由嫩綠到青綠，再到墨綠；茶身由小到大，茶條由光滑至粗糙；香味由嫩爽轉向濃粗。四級茶開始有粗味，葉底由嫩芽轉向對夾葉。

西湖龍井因採摘季節不同，外觀色澤也略有不同。夏秋的西湖龍井色澤呈暗綠或深綠，茶身較大，體表無茸毛，湯色黃亮，有清香但較粗糙，滋味濃，略澀，葉底黃亮，總體品質較同級春茶差得多。

目前的機制龍井中，有全部用多功能機炒製的，也有用機器和手工輔助相結合炒製的。機制龍井茶外形大多呈棍棒狀的扁形，欠完整，色澤暗綠，在同等條件下總體品質比手工炒製的差。

概括起來，西湖龍井有如下特點：

[外形] 扁平，光滑，挺直

[色澤] 嫩綠光潤

[湯色] 清澈明亮

[香氣] 清高持久

[滋味] 鮮爽甘醇

[葉底] 細嫩成朵

>>外形

>>湯色

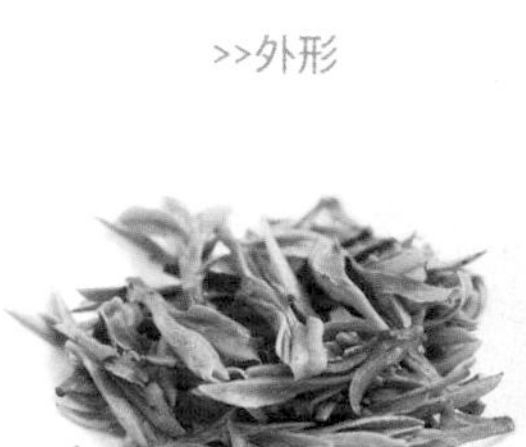

>>葉底

西湖龍井乾茶表面隱現茶毫，夾雜著一些棉絮狀的小白球，這都是正常的現象：一是因為西湖龍井茶芽嬌嫩，表面茸毛豐富，二是因為加工工藝特殊。為了造就西湖龍井扁平光滑的挺秀外形，製茶者在加工中用到了「抓、壓、磨」的特殊手法，乾茶表面的部分茸毛就被磨成了小白球，夾雜在茶葉裡了。

◎儲存

在貯存過程中，為防止西湖龍井吸收潮氣和異味，減少光線和溫度對其的不利影響，避免茶葉被壓碎，損壞茶葉美觀的外形，必須採取妥善的方法，以使茶葉的保存期延長。

炒製好的西湖龍井極易受潮變質，必須及時用紙包起來（一般每500克一包），放入底層鋪有塊狀石灰（未吸潮風化的石灰）的茶罐中加蓋密封貯存。貯存得法的話，經15～30天后，西湖龍井的香氣會更加清高馥郁，滋味也會更加鮮醇爽口。保持乾燥的西湖龍井貯存一年後仍能保持色綠、香高、味醇的品質。

◎沖泡須知

沖泡西湖龍井的最佳選擇是虎跑泉水。虎跑泉水的得名，始於佛教傳說。傳說唐代高僧性空曾住在虎跑泉所在的大慈山谷，見此處風景優美，欲在此建寺，卻苦於無水。一天，他夢見二虎刨地，清泉湧出。次日醒來後，果然發現有甘泉，此泉即被稱為虎跑泉。今天的虎跑寺內還擺著大型雕塑《夢虎》，使得虎跑寺這座名寺有了畫龍點睛的一筆。

虎跑泉水從石英砂岩中滲透而來，水色晶瑩，清涼醇厚。虎跑泉與西湖龍井自古被稱為「杭州雙絕」，用虎跑泉水沖泡的茶別有一番滋味。遊人來到這裡，品一杯用虎跑泉水沖泡的西湖龍井，憑欄遠眺，微風徐徐，眼中是看不盡的美景，手上是散發著香氣的佳茗，真是「茶亦醉人何必酒，書能香我不須花」。

>> 杭州虎跑泉

沖泡西湖龍井時，要控制好水溫，應用75～85℃的水，千萬不要用100℃的水沖泡。因為西湖龍井是沒有經過發酵的綠茶，茶葉本身十分嬌嫩。如果用太熱的水沖泡，會把茶葉燙壞，而且還會泡出一股苦澀的味道，影響口感。還有一點要謹記，就是要高沖低斟，因為高沖可增加水柱接觸空氣的面積，使冷卻更加有效率。

茶葉的量以剛好能遮蓋住茶杯底為宜。沖泡的時間要隨著沖泡次數的增加而增加。品西湖龍井不僅是品味茶湯之美，還可以在沖泡過程中欣賞龍井茶葉旗槍沉浮之美。

沖泡西湖龍井宜採用中投法。

◎沖泡步驟

1. 備具。準備好茶葉和茶具，一般使用透明玻璃杯（容量約200毫升）沖泡西湖龍井。先用適量溫開水燙洗玻璃杯，然後將水倒掉，再加入適量溫開水。（圖1）

2. 投入約5克西湖龍井，靜待茶葉慢慢舒展。（圖2～3）

3. 待茶葉舒展後再加水。觀看茶葉上下翻滾的美景，欣賞其慢慢展露的婀娜多姿的姿態。（圖4～7）

◎品飲

西湖龍井的特點是香高味醇，宜細品慢啜，非下功夫不能領略其香味特點。清代茶人陸次之曾讚曰：「龍井茶，真者甘香而不冽，啜之淡然，似乎無味，飲過之後，覺有一種太和之氣，彌淪於齒頰之間，此無味之味，乃至味也。為益於人不淺，故能療疾，其貴如珍，不可多得。」上等龍井茶以黃豆為肥，所以在沖泡之初，會有濃郁的豆香。品飲欣賞，可感齒頰留芳，沁人肺腑。

洞庭碧螺春

佳茗簡介

洞庭碧螺春屬於綠茶，是中國十大名茶之一，產於江蘇太湖洞庭山一帶。太湖洞庭山一帶水分充足，空氣濕潤，土壤屬酸性土壤，十分適合茶樹生長。又因為這一帶的茶農常常把茶樹和桃樹、李樹等果樹間種，再加上茶葉採摘於早春時節，所以碧螺春還有獨特的花香，因此也被叫作「嚇煞人香」。

洞庭茶歷史悠久，有史書記載：「洞庭東山碧螺峰石壁，產野茶數株，士人稱日『嚇煞人香』。」洞庭茶具體的起源時間已無法考證，但《太湖備考》一書中提到，此茶在隋唐時期就已經很有名氣，被列為貢品。陸羽在《茶經》中列舉茶葉產地時提到：「蘇州長洲生洞庭山。」據說，他在唐至德二年（757年）三月與好友劉長卿一起到太湖考察茶事，在洞庭西山水月寺旁的墨佐君壇邊採摘、品嘗小青茶。這個小青茶，就是洞庭碧螺春的前身。

到了清朝，康熙皇帝南巡到太湖一帶，當地巡撫獻上洞庭茶給他品嘗。康熙見此茶條索緊，形狀酷似螺，邊緣有均勻的細白茸毛，顏色青翠碧綠，芳香四溢，茶湯一入口更覺鮮爽，便對此茶讚不絕口，問巡撫這是什麼茶。巡撫回答：「此茶名『嚇煞人香』。」康熙一聽，覺得這個名字不太文雅，有損此茶的清雅形象，當即賜名「碧螺春」，隨行文武官員都覺得這個名字既文雅又形象。與此同時，碧螺春成為清朝歷代的貢品，頗受皇室貴胄青睞。清代的《野史大觀》中提到了當時碧螺春成為貢品的情景：「自地方有司，歲必採辦進奉矣。」清末震鈞所編寫的《茶說》中記載：「茶以碧蘿（螺）春為上，不易得，則蘇之天池，次則龍井……」

1949年後，當地為保留和發揚碧螺春的傳統製作工藝和特色，建立了專門的茶葉生產車間，後來又建立了單獨的江蘇省洞庭茶廠，將碧螺春劃分等級，統一包裝銷售，使碧螺春的質量、銷量都得到了保證。碧螺春也因此獲得中國政府單位的青睞，作為接待外賓的茶品，其清新高雅的口味，常令外賓讚嘆不已。

在科技發展日新月異的今天，中國的茶業從栽種技術、製作技術到儲存、銷售都有所提高，產量和品質也飛速提

升。碧螺春不再只是皇親貴胄、富豪鄉紳的私有物品，也不再只是中國的名茶，更是享譽世界的名茶。

洞庭碧螺春之所以能夠久負盛名，經久不衰，除了產茶地天然的地理、氣候條件十分優越外，更與茶人的辛勤付出、精心培育、潛心研製以及中國源遠流長的茶文化息息相關。碧螺春如今能夠享譽世界，不僅僅是因為它形、色、香、味俱全，還因為它有著厚重的華夏文明氣息。

品碧螺春，品的不只是茶，更是一種文化，一種獨具特色的中國文化。

◎產地分布與自然環境

洞庭碧螺春於產江蘇省蘇州市太湖洞庭山一帶，號稱「上有天堂，下有蘇杭」的蘇州不僅有洞庭山水之美，還有碧螺春茶之魅。中外遊客到蘇州不僅要欣賞洞庭山水，還必須品嘗碧螺春。太湖洞庭山分為東山和西山兩部分。東山是一個半島，如同一葉靠岸停泊的輕舟；西山則如同一位孤傲的文士，屹立於洞庭湖的中央。洞庭東山的主峰是莫厘峰，海拔為293米。洞庭西山的主峰是縹緲峰，海拔為337米。

地理特點

洞庭碧螺春產地的地理坐標為北緯30°09'～30°46'和東經115°45'～116°30'，這裡氣候適宜，降水豐富，適合瓜果茶木的生長。

氣候特點

太湖洞庭山的氣候屬於亞熱帶季風性濕潤氣候，春季低溫陰雨，盛夏高溫多雨，冬季溫暖濕潤。四季分明，降水豐富，光照充足，十分適合茶樹的生長。

氣溫

年平均氣溫15.5～16.5℃。1月最冷，平均氣溫約3℃；7月最熱，平均氣溫約28℃。年積溫約為5482℃。年均無霜期233天。

水量

年降雨量1200～1500毫米，年均降水天數136天。

光照

年平均日照時數2179小時。

土壤

該地土壤呈酸性或微酸性，pH值為4～6。土壤中有機質、磷含量較高，質地疏鬆。

植被

該地植被以闊葉林為主，果樹較多，如枇杷、楊梅、李子、杏子、桃子、柑橘、柿子、銀杏等。

◎選購

中國國家標準將碧螺春分為五級，分別為特一級、特二級、一級、二級、三級。隨著級別的降低，茶葉表面茸毛逐漸減少。炒製時的鍋溫、投葉量、用力程度隨級別降低而增加，即級別越低鍋溫越高，投葉量越多，做形時用力越重。除此之外，還有特級炒青和一級炒青兩種。

特級碧螺春都為一芽一葉，白毫顯露，色澤翠綠油潤，湯色明亮，散發著持久的花果香，入口鮮爽味正。級別相對較低的茶葉多芽少，湯色較為濃綠，細膩潤滑的口感相對較弱，甚至有些在剛入口時略顯粗硬，當咽下之後又有鮮爽細膩的感覺。

茶葉等級有差別最主要的原因還是採摘時節的差別，一般等級高的茶葉都是在三月下旬採摘的，時節晚一些，茶葉等級就會下降。但是總體來說，洞庭碧螺春都具有「一嫩三鮮」的特點。

等級	外形	湯色	滋味	香氣	葉底	備註
特一級碧螺春	條索纖細，捲曲如螺，滿身披毫，銀綠隱翠，色澤鮮潤	嫩綠清澈明亮	甘醇鮮爽	嫩香清幽	嫩勻多芽	特一級碧螺春是碧螺春中的極品，挑揀的用時也比其他的茶葉多一倍
特二級碧螺春	條索纖細，捲曲如螺，白毫披覆，銀綠隱翠	嫩綠明亮	鮮爽生津，回味綿長	清香文雅，濃郁甘醇	嫩勻多芽	特二級茶是碧螺春中的上品
一級碧螺春	條索尚纖細，捲曲如螺，白毫披覆，勻整	綠而明亮	鮮醇爽口	嫩爽清香	嫩綠明亮	挑揀一芽一葉炒製而成
二級碧螺春	捲曲如螺，白毫畢露，銀綠隱翠，葉芽幼嫩	銀澄碧綠	口味涼甜，鮮爽生津	清香襲人	嫩綠	二級茶葉質量好，價格合適，CP 值最高
三級碧螺春	捲曲如螺，白毫披覆，銀綠隱翠	鮮綠明亮	濃郁鮮爽	清香文雅	嫩綠	三級茶葉價格優勢明顯，質量也不差，是辦公及居家日常用茶的首選
特級炒青碧螺春	捲曲如螺，白毫披覆	鮮綠明亮	口味稍濃，耐泡	清香怡人	嫩綠明亮	炒青綠茶因乾燥方式採用炒乾的方法而得名。按外形分為長炒青、圓炒青和扁炒青三類。由於葉片細嫩，加工精巧，茶葉沖泡後，多數芽葉成朵，清湯綠葉，香郁鮮醇，濃而不苦，回味甘甜。因產量不多，品質各有獨特之處，所以又稱為特種綠茶，多屬歷史名茶
一級炒青碧螺春	尚呈螺形，色澤深綠，尚整，稍有青殼碎片	黃綠	尚純正	平和醇厚	尚嫩欠勻	

蘇東坡曾說「從來佳茗似佳人」。賞茶是品茶必不可少的一個重要環節。《詩經》中形容美女是「手如柔荑，膚如凝脂，領如蝤蠐，齒如瓠犀，螓首蛾眉，巧笑倩兮，美目盼兮」，這是對美女的鑑賞，那該怎麼鑑別碧螺春呢？

滿身毛

碧螺春成品茶白毫披覆，茸毛緊貼茶葉，可按照茸毛的密度區分碧螺春的優劣。

蜜蜂腿

碧螺春的形狀像蜜蜂的腿，這是區分真假碧螺春和加工技術好壞的重要特徵之一。

銅絲條

碧螺春條索細緊重實，沖泡時迅速下沉，不浮在水面。

◎品質

洞庭碧螺春滿身長有細小的茸毛，條索像銅絲一樣纖細而重實，整體外形就像一隻捲曲的螺。該茶以「一嫩三鮮」著稱，「一嫩」是指採摘時茶葉還只有一芽一葉，即俗稱的「雀舌」；「三鮮」就是指茶葉色、香、味俱全。

等級高的碧螺春為一芽一葉的幼芽嫩葉，色澤翠綠油潤，條索鮮嫩，均勻緊密，白毫顯露，有獨特的花果香，湯色鮮綠明亮，入口鮮爽味醇，為綠茶中的珍品。

在選購碧螺春的時候要注意，並不是顏色越綠，茶的品質就越好。選茶時，首先觀察茶葉的色澤，天然的碧螺春色澤柔和，而加了色素的碧螺春看上去顏色發黑、發青、發暗，有一種明顯的著色感，湯色看上去也較天然的茶更鮮亮，綠色明顯，缺少黃色。另外，天然碧螺春表面的茸毛為白色，但是加了色素的碧螺春表面的茸毛多為綠色。

概括起來，碧螺春有以下幾個特點：

[外形] 條索纖細勻整，形曲似螺，白毫顯露

[色澤] 銀綠潤澤

[湯色] 嫩綠鮮亮

[香氣] 清新淡雅的花果香或嫩香

[滋味] 鮮醇回甘

[葉底] 芽大葉小，嫩綠柔勻

>> 外形

>> 葉底

>> 湯色

◎儲存

碧螺春屬於綠茶，綠茶在空氣中容易氧化，即使是在合適的溫度下也容易發酵，所以，碧螺春的儲存就相當有講究。傳統的儲存方法是用紙包起茶葉，然後在袋裡裝上塊狀的石灰，把茶和石灰間隔放置在缸中，加蓋密封儲存。石灰需要定期更換或者晾曬。

隨著科學的發展，近年來常採用的儲存方法是用三層塑料保鮮袋包裝茶葉，分層緊紮，隔絕空氣，放在10℃以下的冷藏箱或冰箱內儲存。久貯年餘，其色、香、味猶如新茶，鮮醇爽口。也可以將茶葉放入盛器，再給盛器套上一層保鮮膜密封好，放入冰箱冷藏。如果希望保存的時間更長，可以把密封好的茶葉放入冷凍室中，只是在取出茶葉飲用的時候，最好先將茶葉在常溫下放置幾個小時，以恢復碧螺春原有的香氣。

儲存碧螺春時，還要注意：

1. 盛器一定要乾淨沒有異味，防止茶葉吸收異味、變質。

2. 盛器的密閉性要好，為了防止茶葉受潮或吸收異味，可以在盛器的蓋口內墊上一兩層乾淨的紙密封。

3. 應將裝有碧螺春的盛器放在乾燥、通風、避光的地方。

4. 不能將茶葉盛器放置在溫度過高的地方，以防止茶葉陳化。

◎沖泡須知

沖泡碧螺春時，為了保證品質，如果有山泉水，則儘量用山泉水沖泡；如果沒有，建議大家用優質的礦泉水沖泡。

洞庭碧螺春屬於綠茶，適合用玻璃杯沖泡。最好選用沒有任何花紋、透明的玻璃杯，杯子不要太厚，否則冬天泡茶杯子容易裂，容量以250毫升為宜。此外，要選擇易於清洗的玻璃杯。

沖泡碧螺春時適宜採用玻璃杯泡法中的上投法。在潔淨透明的玻璃杯內，沖入70～80℃的山泉水或礦泉水，取些許茶葉，將其輕輕投入水中，茶即沉底，有「春染海底」之譽。茶葉上帶著細細的水珠，約兩分鐘後，只有幾根茶葉在水上漂著，多數下落，慢慢在水底綻開，淺碧新嫩，香氣清雅。三四分鐘後就可以聞香、觀色、品嘗了。碧螺春的二泡、三泡水入口微澀，甘甜之味來得很慢，但在齒頰間的餘香留存較久。

1

2

3

4

5

◎沖泡步驟

1. 備具。準備好茶葉和茶具。（圖1）
2. 用適量開水燙洗玻璃杯。（圖2）
3. 將水倒掉。（圖3）
4. 再倒入適量溫開水。（圖4）
5. 投入5克茶葉，待茶葉在水中逐漸伸展開，即可品飲。（圖5）

◎品飲

品飲洞庭碧螺春時，先欣賞茶杯中碧綠通透、春意盎然的美景。獨特的茶香繚繞，濃郁的茶汽氤氳，閉上眼睛深呼吸，那香、那濃直抵心扉。

輕輕嘗上一小口，清雅、幽香、甘鮮從舌尖經由喉嚨直達腸胃，通體舒暢之感油然而生。

再品一口，香氣更芬芳，滋味更甘醇。

第三口茶入肚，再慢慢品味，你會覺得品嘗的不僅僅是茶，更是人生百味。

黃山毛峰

◎佳茗簡介

黃山毛峰是中國歷史名茶之一，屬於綠茶，產於安徽黃山。追溯黃山毛峰的歷史，據《中國名茶志》引用《徽州府志》載：「黃山產茶始於宋之嘉祐，興於明之隆慶。」由此可知，黃山自宋朝開始產茶，在明朝的時候當地所產的茶成為名茶。這一點在《徽州府志》中也有記載：「明朝名茶：……黃山雲霧產於徽州黃山。」

明代許次紓的《茶疏》記載：「天下名山，必產靈草，江南地暖，故獨宜茶。……若歙之松蘿，吳之虎丘，錢塘之龍井，香氣濃郁，並可雁行，與岕頡頏，往郭次甫亟稱黃山……」《歙縣誌》中記載：「舊志載明隆慶年間（1567-1572），僧大方住休寧松蘿山，製茶精妙，郡邑師其法，因稱茶曰松蘿。」當時，黃山的紫霞峰所產的紫霞茶（也被稱為松蘿茶）被認為是上品。而當時與松蘿山毗鄰的歙縣北源茶，也被稱為北源松蘿。《徽州府志・貢品》中記載：「歙之物產，無定額，亦無常品。大要惟硯與墨為最，其他則以北源茶、紫霞茶。」可見北源茶與紫霞茶在當時都十分有名。

清朝光緒年間，黃山一帶的綠茶開始外銷，此地的謝裕泰茶莊附帶收購了一小部分毛峰，遠銷關東，因為品質優異，深受歡迎，黃山毛峰也在這個時期成為俏銷名茶。《安徽名特產》一書中，由歙縣葉祖蔭撰稿的《黃山毛峰》一章寫道：「《徽州商會資料》載：清光緒年間，歙縣湯口謝裕泰茶莊試製少量黃山特級毛峰茶（當時黃山毛峰並未分級），遠銷東北，深受顧客喜愛，遂蜚聲全國。」

1949年後，當地政府對茶葉發展十分重視。1984年，當地政府在富溪鄉選點，於新田、田裡兩村13個村民組生產特級黃山毛峰。其中新田村充川（原名充頭源）組生產的特級黃山毛峰品質最優。1985年，歙縣茶葉公司在收購特級黃山毛峰時，提出以富溪鄉充頭源生產的特級黃山毛峰質量為標准。從事茶葉生產工作30餘年、為歙縣的茶葉生產做出了卓越貢獻的高級農藝師李亞北，更是盛讚黃山毛峰為全國名茶珍品。

黃山毛峰在1955年被評為「中國十大名茶」之一，1982年獲中國商業部「名茶」稱號，1983年獲中國外經貿部頒發的榮譽證書，1986年被中國外交部定為「禮品茶」。

◎產地分布與自然環境

黃山毛峰產自素有「天下第一奇山」的安徽黃山。其產地主要集中在黃山桃花峰的雲谷寺、松谷庵、吊橋庵、慈光閣及其周圍地區。黃山位於安徽省南部黃山市黃山區境內，南北長約40千米，東西寬約30千米，山脈面積為1200平方千米，核心景區面積約160.6平方千米。

清光緒年間，謝裕泰茶莊所產的黃山毛峰，其茶芽選自充頭源茶園，所以，允頭源也被看作黃山毛峰的發源地。此地位於黃山幹脈南行而轉東南向的第一個深山窄谷中，具有得天獨厚的生態環境，實屬「高山產好茶」。

>>毛峰茶芽

地理特點 黃山以主峰鼎立、群峰簇擁，多懸崖峭壁、深壑峽谷的峰林地貌為主。

氣溫 年均氣溫8℃，夏季平均氣溫為25℃，冬季平均氣溫在0℃以上。

光照 該地日照時間短，全年平均有霧日256天。

植被 該地植被主要是常綠闊葉林。

氣候特點 黃山處於亞熱帶季風氣候區，由於山高谷深，氣候呈垂直變化，山下降水量比山上少。

水量 年平均降雨天數180天，多集中於4～6月，山頂全年降水量在2400毫米左右。

土壤 該地土壤多屬紅壤、黃壤。土壤腐殖質豐富，疏鬆厚肥，且透水性好，還含有豐富的有機質和磷鉀肥，適合茶樹生產。

特級黃山毛峰形似雀舌，白毫顯露，色似象牙。沖泡後，湯色清澈，滋味鮮濃、醇厚、甘甜，葉底嫩黃，肥壯成朵。因為採摘時間不同，所以葉片也由一葉、兩葉到三葉不等，芽頭逐漸瘦小，色澤也稍有差異。

◎選購

黃山毛峰成名已久，品牌眾多，目前著名的有一品珍茗、特供國賓禮茶、金獎頂芽等。

一品珍茗：此茶要求鮮葉採摘於清明前的三四天，並且要在最短的時間內手工炒製，經過16道純手工程序方能製成，25000個茶芽只能製作出不到500克的新茶。所以一品珍茗的年產量一般還不到50千克，顯得尤其珍貴。

特貢國賓禮茶：清朝光緒年間，謝正安創製的黃山毛峰被列為貢茶，朝廷也將此茶作為國禮贈送給英國皇室。1986年，該茶被中國外交部正式定為「禮品茶」，目前已經出口到幾十個國家，深受國際友人的歡迎。

金獎頂芽：此茶亦由謝正安創製。2002年，在韓國的第四屆國際名茶評比大會上，該茶以其優美的外形、靚麗的色澤、獨特的蘭香得到專家的高度讚揚，獲得了金獎，名揚四海。

黃山毛峰以所採芽葉為主要分級依據，分為特級、一級、二級、三級四個等級。特級和一級為名茶。

[特級] 一芽一葉初展。

[一級] 一芽一葉開展和一芽二葉初展。

[二級] 一芽二葉開展和一芽三葉初展。

[三級] 開展的一芽一葉、一芽二葉、一芽三葉。

特級黃山毛峰採摘於清明和穀雨前，以一芽一葉初展為標準，選用芽頭壯實、茸毛多的鮮葉，經過輕度攤放後進行高溫殺青、理條炒製、烘焙而製成。成品毛峰條索細扁，形似雀舌，帶有金黃色魚葉，這是它和其他毛峰的最大區別。

◎品質

黃山毛峰的品質可以用八個字形容，那就是「香高、味醇、湯清、色潤」。從產地來看，桃花峰、雲谷寺、慈光閣、吊橋庵、崗村、充川等地的黃山毛峰品質較好。

上好的黃山毛峰都是純手工加工製作而成的，對各道工序都要求精細，細緻的茶人不僅在製作之前要進行揀剔，去除老、雜的原料，在出售前，仍要經揀剔去雜質，再行復火，使茶香透發，而後趁熱包裝密封，才能銷售。選購時應注意：等級高的黃山毛峰色澤嫩黃，綠帶金黃；中檔的色澤黃綠，略帶金黃；低檔的色澤呈青綠或深綠色。

概括地說，黃山毛峰的顯著特點是：

[外形] 條索扁平，形似雀舌
[色澤] 綠中泛黃，瑩潤有光澤
[湯色] 清澈透亮，翠綠泛黃
[香氣] 清香高長，酷似白蘭
[滋味] 鮮濃醇厚
[葉底] 嫩黃，肥壯成朵

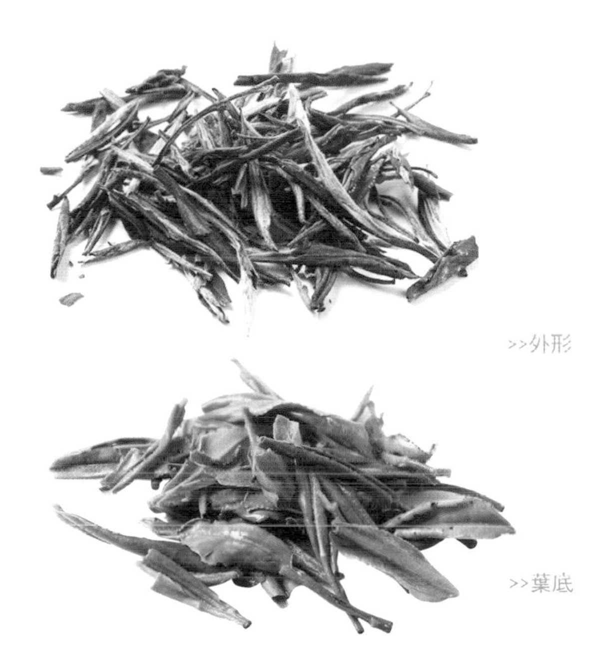

>>外形

>>葉底

>>湯色

◎儲存

儲存黃山毛峰時，可以先將茶葉用塑料袋密封好，然後放進冰箱裡貯存，這種方法一般可以將茶存放一年半到兩年的時間。還可以選用密封乾燥保存法，就是選擇有蓋的陶器或者鐵器，將用布袋裝好的生石灰均勻地放在容器底部，再把分成小包密封好的茶葉放在布袋上，然後蓋好蓋子就行了。用這種方法儲存，茶葉大概可以保存一年以上的時間。石灰最好每三四個月更換一次。

◎沖泡須知

黃山毛峰屬於名品綠茶，與西湖龍井、洞庭碧螺春一樣，適宜用玻璃杯來沖泡。此外，在沖泡時有以下幾點需要格外注意，只有掌握了正確的沖泡方法，才能更好地展現出茶的品質。

比例

沖泡黃山毛峰時，茶與水的比例以1：50為宜。

水溫

黃山毛峰嫩度很高，所以應該用溫度相對低一點的水沖泡，通常水溫不得高於85℃，才能使茶水綠翠明亮，香氣純正，滋味甘醇。

時間

沖泡黃山毛峰的時間一般為3～6分鐘。泡久了會影響茶的口味。

次數

沖泡黃山毛峰時，一把茶葉一般泡3～4次就可以了。俗話說：「頭道水，二道茶，三道四道趕快爬。」意思是說第一道茶並不是最好的，第二道味道正好，喝到三道、四道就可以換茶了。

◎沖泡步驟

沖泡黃山毛峰時一般有以下幾個步驟：

1. 將黃山毛峰放入杯中，先倒入少量溫開水，以浸沒茶葉為度，加蓋燜3分鐘左右。（圖1～2）
2. 再加入溫開水至七八成滿，便可趁熱飲用。（圖3～5）

泡黃山毛峰時，若水溫高、茶葉嫩、茶量少，則沖泡時間可短些；反之，時間應長些。一般沖泡後加蓋燜3分鐘，茶中內含物會浸出55％，香氣揮發正常，此時飲茶最好。

1

2

3

4

5

廬山雲霧

◎佳茗簡介

廬山雲霧茶因產於江西廬山而得名，屬於綠茶，為中國十大名茶之一。廬山雲霧茶歷史悠久，始於漢朝，距今已有1000多年的歷史。《廬山志》記載：「東漢時……僧侶雲集。攀危岩，冒飛泉。更採野茶以充饑渴。各寺於白雲深處劈岩削谷，栽種茶樹，焙製茶葉，名雲霧茶。」說的就是東漢時，佛教傳入中國後，很多佛教徒在廬山興修寺廟，並且常常攀山採茶種茶。

唐朝時，廬山的雲霧茶更是受到文人墨客的青睞。白居易就曾在廬山定居，並且寫下「藥圃茶園為產業，野麋林鶴是交遊」的詩句。

北宋時，廬山雲霧被列為貢品。

明朝時，朱元璋曾屯兵於廬山天赤峰附近。在他建立明朝之後，廬山名氣更旺，雲霧茶也從這個時候開始迅速聞名全國。萬曆年間，李日華在《紫桃軒雜綴》中寫道：「匡廬絕頂，產茶在雲霧蒸蔚中，極有勝韻。」

清朝時，廬山的茶業已經相當興盛。清代的李紱在《六過廬記》中寫道：「山中皆種茶，循茶徑而直下清溪。」描寫的就是廬山當時興盛的茶業。

1949年之後，廬山雲霧茶逐漸進入國際市場，深受歡迎。

1971年，廬山雲霧茶被列為中國綠茶中的特種名茶。

1982年，廬山雲霧茶在全國名茶評比中被評為「中國名茶」。

1989年，廬山雲霧茶獲得中國食品博覽會金牌。

2005年，廬山雲霧茶在第二屆中國國際茶葉博覽會上獲得金獎。

2006年10月，在北京舉行的第三屆中國國際茶葉博覽會上，廬山雲霧茶再次獲得金獎。

廬山雲霧茶歷史悠久，品質優良，與廬山美景一起傳承和發揚著中國深厚的歷史文化。它既是中國人的驕傲，也是世界的一大寶貴財富。

◎產地分布與自然環境

盧山雲霧茶的產地盧山位於江西省北部，北臨長江，南鄰鄱陽湖。蘇東坡有詩云：「橫看成嶺側成峰，遠近高低各不同。不識盧山真面目，只緣身在此山中。」盧山群峰林立，連綿挺拔，氣勢宏偉，自古就是中國著名的風景名勝區。盧山獨特的氣候條件更是造就了雲霧茶的獨特品質。盧山雲霧茶的主要產區基本上分佈在海拔800米以上的含鄱口、五老峰、漢陽峰、小天池、仙人洞等地。

>>茶笋

地理特點　盧山風景獨秀，林木茂密，山泉奔湧，多奇峰峻嶺、斷崖峭壁，整體地形外陡內平。

氣候特點　盧山春遲、夏短、秋早、冬長，處於亞熱帶季風區，雨量充沛，具有鮮明的山地氣候特徵，季節平均溫差不大，早晚溫差大。

氣溫　最熱月平均氣溫約22℃，極端最高氣溫達32℃；最冷月平均氣溫0℃，極端最低氣溫在-17℃左右。

水量　年平均降雨量1900毫米。

光照　日照時間短，年平均有雨日170天，有霧日190天。

土壤　該地區土壤具有多樣性，以紅壤和黃壤為主，土層深厚，土壤疏鬆，有機質豐富，呈酸性。

植被　該地區植被呈垂直分布，有常綠闊葉林，常綠、落葉闊葉混交林，落葉闊葉林，針葉林。

◎選購

盧山雲霧茶分為五個等級，最好的為明前茶，然後依次是清明茶、穀雨茶、夏茶和秋茶。購買盧山雲霧茶時，可用以下方法加以辨別：

看顏色

顏色嫩綠的茶為優，顏色偏黃的次之，顏色偏黑的再次之。

看形狀

芽尖肥大、多白毫者為優。

看乾燥度

用手指揉捻茶葉，看其水分含量，水分含量越低，茶的品質越好。

聞異味

辨別是否有異味，有異味者可能已變質。

品嘗

根據口感和滋味鑑別。優質廬山雲霧茶耐沖泡，湯色青翠，芳香似蘭，滋味回甘。

◎品質

廬山雲霧茶的採摘極為講究，以一芽一葉初展為標準，選取長約3釐米的芽葉，而且嚴格要求「三不採」：紫芽不採，病蟲葉不採，雨水葉不採。經過殺青、抖散、揉捻、初乾、搓條、做毫、再乾等工序製成。廬山雲霧有「六絕」的名號，這是指其具有「茶芽肥壯、青翠多毫、湯色明亮、葉嫩勻齊、香氣持久、醇厚味甘」的特點。受廬山涼爽多霧、日光直射時間短等條件影響，廬山雲霧茶葉厚、毫多、醇甘耐泡的特質明顯。

概括起來，廬山雲霧茶有如下特點：

[外形] 條形緊細，青翠多毫

[色澤] 碧嫩

[湯色] 清淡，宛若碧玉

[香氣] 香幽如蘭

[滋味] 濃厚，鮮爽持久

[葉底] 嫩綠勻齊

>>外形

>>湯色

>>葉底

◎儲存

廬山雲霧茶的保存方法和其他茶大致相同，只是因為其具有蘭香，所以更適合選擇木製器皿或者竹罐作為儲茶器具，這兩種材質的茶具不僅古樸典雅，而且能夠保持廬山雲霧茶的天然香氣。

◎沖泡須知

沖泡廬山雲霧茶時儘量不要選用自來水，以山泉水為佳。若用廬山的山泉沏茶，其滋味會更加香醇可口。

因廬山雲霧茶條索精壯，所以沖泡時宜採用上投法。使用上投法，能清晰地看到茶葉投入杯中之後，一部分茶葉直線下沉，一部分茶葉緩緩上升，茶葉「歡快舞動」的景觀。茶與水的比例控制在1：50左右，水溫控制在85℃左右即可。

◎沖泡步驟

1. 備具。倒入適量溫水燙洗玻璃杯。（圖1）
2. 將水倒掉。（圖2）
3. 再倒入適量85℃的溫開水，然後投入5克茶葉。（圖3）
4. 待茶葉在水中逐漸伸展開，即可品飲。（圖4）

◎品飲

廬山雲霧茶湯顏色青翠鮮亮，滋味濃厚幽香，帶有淡淡的蘭花氣息，味道比龍井更加醇厚。翠綠的茶葉綻放於茶杯中，猶如春雨之後的萬千新筍，挺拔直立。輕輕飲上一口，甘爽幽香在舌尖彌漫，萬般風物也在心底浮現。

| 六安瓜片 |

◎佳茗簡介

「天下名山，必產靈草，江南地暖，故獨宜茶，大江以北，則稱六安。」這是明代茶學家許次紓所著《茶疏》開卷的第一段話。

六安瓜片是國家級歷史名茶，也是中國十大名茶之一。六安瓜片又名片茶，為綠茶中的特種茶類，是採自當地特有品種，經扳片、剔去嫩芽及茶梗，通過獨特的傳統加工工藝製成的形似瓜子的片形茶葉。傳統的六安瓜片採製工藝有四個獨特之處：

一是摘茶要等到「開面」。六安瓜片的採摘與眾不同，是取茶枝的嫩梢壯葉，即新梢長到一芽三葉或一芽四葉時開面、葉片生長基本成熟後再摘葉，此時茶葉肉質醇厚。六安瓜片是綠茶當中營養價值最高的茶葉，因為片茶的生長週期長，光合作用時間就長，儲蓄的養分就多。

二是鮮葉要扳片。採摘回來的鮮葉，經過攤涼、散熱，再進行手工扳片，將每一枝芽葉的葉片與嫩芽、枝梗分開，嫩芽炒「銀針」，茶梗炒「針把」，葉片分老嫩片，炒製成「瓜片」。扳片在中國綠茶初製工藝中是一道獨一無二、十分科學的工序。扳片的好處在於，既可以摘去葉片，分開老嫩，除雜去劣，保持品質純正和衛生，又可以通過扳片促進葉內多酚類化合物及蛋白質的轉化，改善成茶的滋味和香氣。

三是老嫩分開炒。炒片分生鍋和熟鍋，每次投鮮葉50～100克，生鍋高溫翻抖殺青，熟鍋低溫炒拍成形。

四是炭火拉老火。炒後的濕坯茶經過毛火、小火、混堆、揀剔，再拉老火至足乾。拉老火是片茶成形、顯霜、發香的關鍵工序，人稱「一絕」。拉老火採用木炭，用明火快烘，烘時由兩人抬烘籠，上烘2～3分鐘翻動一次，上下抬烘70～80次即成。有人形容該場景「火光沖天，熱浪滾滾，抬上抬下，以火攻茶」。

◎產地分布與自然環境

六安瓜片產地位於安徽省六安市，其中尤以金寨齊山周圍所產的瓜片為珍品，故金寨產的瓜片又名「齊山雲霧」。

金寨縣是革命老區，全縣地處大別山北麓，高山環抱，雲霧繚繞，氣候溫和，生態環境良好，因此六安瓜片是真正的在大自然中孕育而成的綠色飲品。

>>大別山

地理特點

六安地勢西南高峻，東北低平，呈梯形分布，形成山地、丘陵、平原三大自然區域。

氣候特點

該地位於亞熱帶向暖溫帶過渡的地帶，四季分明，氣候溫和，雨量充沛，光照充足，無霜期長。

氣溫

海拔100～300米的地區，年平均氣溫15℃；海拔300米以上的地區，平均氣溫低於14℃。7月平均氣溫約28℃，1月平均氣溫約2℃。

水量

年平均降水量1200～1400毫米，年平均降水天數為125天，常年相對濕度80%，屬濕潤地帶。

光照

全年日照1876～2003.5小時，年日照百分率（即實際日照時間與可能日照時間之比）在50%左右。

植被

該地主要植被為亞熱帶常綠、落葉闊葉混交林。常綠闊葉林比例較小，只見於山區低海拔、局部避風向陽的濕潤谷地；落葉闊葉林比例大，形成了利於茶樹生長的土壤環境。

土壤

該地土壤類型比較複雜，主要是黃棕壤，土壤pH值在6.5左右。土壤質地疏鬆，土層深厚，茶園多在山谷之中，生態環境優越。

◎選購

六安瓜片根據品質特徵共分為極品、精品、一級、二級、三級五個等級。不同等級六安瓜片的特徵如下：

等級	形狀	色澤	嫩度	淨度	香氣	滋味	湯色	葉底
極品	瓜子形，大小勻整	寶綠有霜	嫩度高，顯毫	無芽梗、漂葉	清香，香氣高長持久	鮮醇，回味甘甜	清澈明亮	嫩綠鮮活
精品	瓜子形，勻整	翠綠有霜	嫩度好，顯毫	無芽梗、漂葉	清杳，香氣高長	鮮爽醇厚	清澈明亮	嫩綠鮮活
一級	瓜子形，勻整	色綠有霜	嫩度好	無芽梗、漂葉	清香，香氣持久	鮮爽醇和	黃綠明亮	黃綠勻整
二級	瓜子形，較勻整	色綠有霜	較嫩	稍有漂葉	香氣較醇和	較鮮爽醇和	黃綠尚明	黃綠勻整
三級	瓜子形	色綠	尚嫩	稍有漂葉	香氣較醇和	尚鮮爽醇和	黃綠尚明	黃綠勻淨

我們可以用以下四種方式鑑別六安瓜片的品質：

好的六安瓜片應具備頭苦尾甜、苦中透甜的特點，細嚼後，略用純淨水漱口，口中會有一種清爽甜潤的感覺。

好的六安瓜片外觀應鐵青（深青色）透翠、顏色一致。

三 嗅

好的六安瓜片香氣甘醇、清爽。在嗅的過程中，還可以聞出茶葉是否有異味，判斷其是否已經變質。

四 嘗

通常是先緩緩地喝兩口茶湯，再細細品味，正常的六安瓜片味微苦，細品又能感覺到絲絲的甜味。

◎品質

六安瓜片成品茶與其他綠茶大不相同，葉緣向背面翻卷，呈瓜子形，葉片自然平展，色澤寶綠，大小勻整，每一片均不帶芽和梗。其內質香氣清高，湯色碧綠，滋味回甜，葉底厚實明亮。假的六安瓜片味道較苦，顏色比較黃。

六安瓜片的採摘季節較其他高級茶遲約半個月以上，位於高山區的茶葉採摘季節則更遲一些，多在穀雨至立夏之間。六安瓜片工藝獨特，一直採用手工生產的傳統採製方法，生產技術和品質風味都帶有明顯的地域性特色。這種獨特的採製工藝，形成了六安瓜片的獨特風格。

概括起來，六安瓜片具有以下幾個特點：

[外形] 片卷順直，形似瓜子

[色澤] 色澤寶綠，起潤有霜

[湯色] 綠中透黃，清澈明亮

[香氣] 回味悠長

[滋味] 鮮醇回甜

[葉底] 葉底嫩黃，整齊成朵

>>外形

>>湯色

>>葉底

◎儲存

六安瓜片比較適合冷藏儲存，這樣可以保持茶葉的新鮮與香氣。需要注意的是，保存茶葉的冰箱必須衛生、清潔、無異味，同一個空間內不能保存除茶葉以外的東西。

◎沖泡須知

沖泡六安瓜片時，最好用六安地區的山泉水或其他山泉水。沒有山泉水的話，可用純淨水代替。

六安瓜片一般用80℃沸騰過的水泡兩三分鐘即可飲用，適宜用下投法沖泡。如水溫較高、茶葉較嫩或茶量較大，頭一道可立刻倒出茶湯，第二道可半分鐘後傾倒茶湯。以後每道可適當延長時間，使茶中剩餘的有效成分得以充分地浸泡出來。如果水溫不高、茶葉較粗老或茶量較小，沖泡時間應酌情延長，但不能浸泡過久，否則會導致湯色變暗，香氣散失，有悶味而且部分有效成分被破壞，無用成分析出，茶湯會有苦澀味或其他不良味道，品質隨之降低。

◎沖泡步驟

1. 準備一只容量大約150毫升的無色無花白色瓷杯，用開水將杯子燙洗乾淨。

2. 放3克左右的六安瓜片於杯中。

3. 緩緩注入少量80℃的沸騰過的水，使茶芽完全浸沒。

4. 大約15秒鐘之後，茶芽開始濕潤，再注入同樣溫度的水，水大約七分滿即可。

5. 等待3分鐘後，可見到部分茶芽開始緩緩墜落於杯底，漸漸地，下落的茶芽越來越多，可見茶芽條條挺立，上下交錯，如同刀戟陳列，頗具氣勢。將茶湯過濾後倒入杯中即可飲用。

◎品飲

首先聞其香。靠近杯口或碗口，感受是否有悠悠的清香。

其次望其色。查看湯色，六安瓜片的茶湯一般是清湯透綠的，沒有一點渾濁。一般來說，穀雨前十天採摘的茶，泡後葉片顏色為淡青色，不勻稱。穀雨前後採摘的茶，泡後葉片顏色一般是青色或深青色的，而且勻稱，茶湯相應也濃些，若泡的時間久一點兒，顏色會更深。

再次品其味。通常是先慢喝兩口茶湯，再細細品味，感受微苦和絲絲的甜味交融的味道。

最後觀其形。沖泡後，茶葉先浮於上層，隨著葉片的展開，會自上而下陸續下沉至杯底或碗底，由原來的條狀變為葉片狀，葉片大小相似。

六安瓜片第一泡的茶湯鮮醇、清香，品飲時應細細品味。茶湯餘下三分之一水量時應續水，此為第二泡，茶湯最濃，滋味最佳，飲後齒頰留香，回味無窮。第三泡茶味已淡，香氣亦減。

|信陽毛尖|

◎佳茗簡介

信陽毛尖也稱豫毛峰，屬綠茶，產於河南省信陽市。信陽產茶的歷史可追溯到周朝。著名茶學家陳椽教授在《茶業通史》一書中稱：「西周初年，雲南茶樹傳入四川，後往北遷移至陝西，以秦嶺山脈為屏障，抵禦寒流，故陝南氣候溫和，茶樹在此生根。因氣候條件限制，茶樹不能再向北推進，只能沿漢水傳入東周政治中心的河南（東周建都河南洛陽）。茶樹又在氣候溫和的河南南部大別山信陽生根。」1987年，信陽固始縣的古墓中發掘出了茶葉，考古專家經研究得出結論：此茶距今已經有2300多年的歷史。

唐代，陸羽在《茶經》中把出產茶葉的信陽歸到了其劃分的八大茶區之一的淮南茶區。舊信陽縣誌記載：「本山產茶甚古，唐地理志載，義陽（今信陽市）土貢品有茶。」

宋朝，茶業得到進一步發展。蘇東坡曾經稱讚說：「淮南茶信陽第一。」在宋朝的《宋史・食貨志》和宋徽宗趙佶的《大觀茶論》中，信陽茶皆被列為名茶。

清朝是河南茶業發展的又一興盛期。在這一時期，製茶技術逐漸精湛，茶葉品質也越來越講究。經過不斷地研製和創新，信陽茶葉在1911年的時候已經初具信陽毛尖的雛形。後來，信陽茶區又成立了五大茶社，茶社都注重製作技術上的引進和學習，信陽茶葉的加工技術也更加精湛。1913年，一批本土生產出的高品質毛尖被命名為「信陽毛尖」。

1915年，信陽毛尖榮獲巴拿馬萬國博覽會金獎。

1958年，信陽毛尖被評為「中國十大名茶」之一。

1985年，信陽毛尖獲中國質量獎銀質獎。

1982年、1986年，信陽毛尖被評為部級優質產品，榮獲「全國名茶」稱號。

1990年，龍潭信陽毛尖茶代表信陽毛尖參加國家評比，榮獲中國質量獎金質獎。

1991年，在杭州國際茶文化節上，信陽毛尖被授予「中國茶文化名茶」稱號。

1999年，「五雲山」牌信陽毛尖榮獲昆明世界園藝博覽會金獎。

如今，信陽毛尖已經享譽世界，遠銷日本、美國、馬來西亞等多個國家和地區，成為當之無愧的世界名茶。

◎產地分布與自然環境

信陽毛尖的產地界定如下：北到淮河，南到大別山北坡的譚家河、李家寨、蘇河、卡房、箭廠河、田鋪、周河、長竹園、伏山、蘇仙石、陳琳子等鄉鎮沿線，西到桐柏山與大別山連接處的王崗、高梁店、吳家店、游河、董家河、溮河港等鄉鎮沿線，東到固始縣泉河流域的陳集、泉河鋪、張廣廟、黎集等鄉鎮。具體包括溮河區、平橋區、羅山縣、光山縣、新縣、商城縣、固始縣、潢川縣管轄的133個鄉鎮。

信陽毛尖的馳名產地是「五雲兩潭一寨」，即車雲山、連雲山、集雲山、天雲山、雲霧山、白龍潭、黑龍潭、何家寨。俗話說，高山雲霧出好茶。「五雲兩潭一寨」海拔均在300～800米之間，所產毛尖茶質量最優。

地理特點

該地地勢南高北低，山勢起伏多變，呈現出形態多樣的階梯地貌。

氣候特點

該地位於亞熱帶向暖溫帶過渡的地帶，季節氣候差異明顯，雨量豐沛，空氣濕潤，日夜溫差大。

氣溫

年平均氣溫15.1～15.3℃，無霜期長，平均220～230天。

水量

年均降雨量900～1400毫米，相對濕度約77%。

光照

日照時數年均1900～2100小時。

土壤

茶園土壤多屬紅壤、黃壤及其變種，以紅泥沙土、紅黏土、黃泥土等為主。岩質以花崗岩、凝灰岩、流紋岩為主。土壤pH值為4.5～6.5。

植被

植被主要是以常綠闊葉樹為主的常綠和落葉混交林，以及人工培育的馬尾松林和毛竹林等。

>>毛尖茶園

◎選購

信陽毛尖被稱為「豫毛峰」，卻不是所有的信陽毛尖都叫豫毛峰。真正的豫毛峰對品質要求很高，一般需符合三大標準：

第一，產於綠茶的天然最佳產區 —— 北緯32°；

第二，生長在完美的茶園生態環境 —— 高山深谷中；

第三，採摘於最適宜採茶的季節 —— 清明前後。

信陽毛尖屬於綠茶，茶湯中主要呈味物質有胺基酸、生物鹼和茶多酚，三種呈味物質的含量不同導致了整體口感的差異。信陽毛尖茶湯的口感有點苦和澀，如果茶的清香覆蓋了苦澀感，就說明這是特級信陽毛尖；隨著等級的降低，香味慢慢減少，苦味開始出現。簡而言之，沒有苦和澀、只有板栗香的是特級茶，有清香、苦而不澀的是春茶，而澀的信陽毛尖一般是夏茶或陳茶。

根據採摘時間的不同，信陽毛尖分為以下幾個等級：

明前茶：採於清明前的茶。這期間採摘的茶葉嫩，喝著有種淡淡的香。因為生長速度慢，幾乎100%為嫩芽頭，是信陽毛尖中級別最高的茶。它的最大特徵是芽頭細小多毫，湯色明亮。

雨前茶：採於清明後、穀雨前的茶。春季溫度適中，雨量充沛，茶葉的生長正處在關鍵期，一芽一葉正式形成。此時的茶泡好後條形雖然次於明前茶，但是味道稍微加重了。

春尾茶：採於穀雨節氣後、春季將要結束時的茶。此時的茶的條形雖不能和明前茶、雨前茶相比，但是茶葉耐泡好喝，價格相對比較便宜，適合大眾。

另外，還有夏茶和白露茶。夏茶的葉子比較寬大，茶水濃厚，略帶苦澀，香氣不如春茶濃，但經久耐泡。白露茶指8月以後採製的當年餘茶，此時的茶葉片沒有春茶鮮嫩，不經泡，味道也沒有夏茶苦澀，具有獨特的甘醇清香，也受到很多愛茶之人的喜愛。

外形細、圓、直、光、多白毫，這是信陽毛尖的五大特點。真正的信陽毛尖湯色明亮，呈嫩綠或黃綠色，滋味鮮濃醇厚，回甘持久，芽葉著生部位為互生，嫩莖呈圓形，葉緣有細密的小鋸齒，葉片肥厚，有綠色光澤。冒牌的信陽毛尖湯色深綠、灰暗，無茶香或是茶香不純正，滋味苦澀、有異味，芽葉著生部位一般為對生，嫩莖一般為方形，葉緣少鋸齒，葉片暗綠，葉底薄亮。

除此之外，新茶顏色鮮亮，有光澤，白毫顯露，茶湯淡綠，芳香持久。陳茶顏色暗淡，白毫稀少，茶湯顏色不夠明亮，香氣略帶陳味，浸泡五分鐘即開始泛黃。

◎品質

上好的信陽毛尖純芽都為100% 的單芽，且帶有淡淡的蘭花香或桂花香。次芽有少量一芽一葉摻雜其中，一般為板栗香。包芽基本上為一芽一葉，芽頭壯碩，芽葉細嫩，為自然茶香，味道微苦。

信陽毛尖中品質最優的為豫毛峰，該茶產於信陽的茶葉核心產區、原生態高山茶廠。製茶時，將採摘的最完整、鮮嫩的茶芽在第一時間加工製作。

另外，優質的信陽毛尖顏色鮮潤乾淨，不含絲毫雜質，湯色明亮，呈嫩綠或黃綠色；劣質信陽毛尖湯色呈深綠色，混濁發暗，且沒有茶香味。

總的來說，信陽毛尖具有如下特點：

[外形] 細秀圓直，隱顯白毫

[色澤] 鮮亮，泛綠色光澤

[湯色] 淡綠，明亮

[香氣] 濃郁栗香，香氣持久

[滋味] 爽口清甜

[葉底] 細嫩勻整

>>外形

>>湯色

>>葉底

◎儲存

保存信陽毛尖時，要保證環境密閉、乾燥、無異味，以放在冰箱中冷藏為最佳。忌長時間暴露於空氣當中，尤其是在氣溫較高的夏季。

◎沖泡須知

沖泡信陽毛尖時，最好用山泉水，忌用自來水，水溫應控制在75℃左右，水溫過高會使茶葉和湯色變黃，茶葉不能在杯中直立，失去欣賞價值，還會破壞茶葉所含的維生素等營養物質，影響茶的質量和口味。

沖泡時，茶葉與水的比例一般為1：50。通常信陽毛尖沖泡3分鐘即可飲用。泡的時間越長，芳香越淡，苦澀味越濃。

◎沖泡步驟

1. 備具。準備好茶葉和茶杯。（圖1）
2. 燙洗茶具。（圖2）
3. 在杯中投入3克左右的茶葉。（圖3）
4. 再注入適量溫開水，約占杯體容量的四分之一。（圖4）
5. 迅速將注入的水倒出，此為洗茶。（圖5）
6. 再次注入開水至八分滿。（圖6）
7. 靜待3分鐘左右，即可品飲佳茗。（圖7）

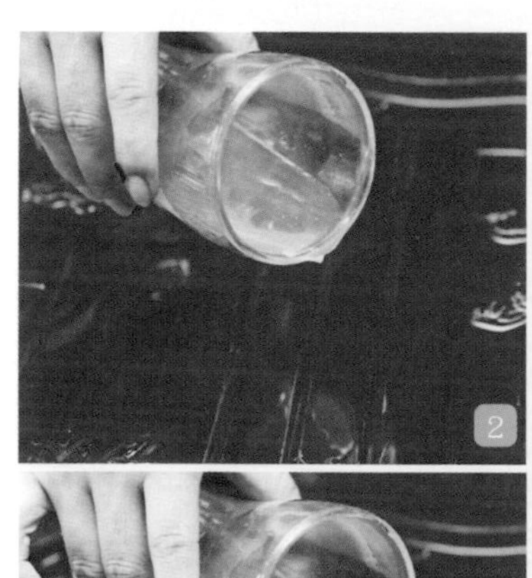

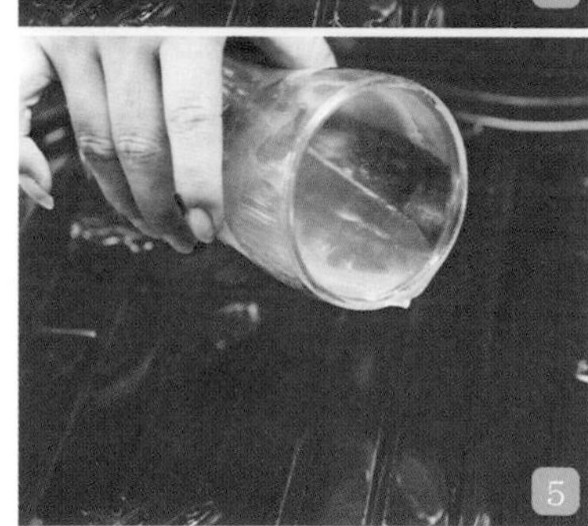

◎品飲

信陽毛尖香高、味濃、湯色綠。輕啜一口，滿口生津，芳香甘美，回味無窮。上等的信陽毛尖有蘭香、桂香或板栗香。

信陽毛尖的口感在中國名茶中算是特殊的，第一道茶味最苦，喝不慣毛尖的人一般會從第二道、第三道開始喝，但對於喝慣毛尖的人來說，品第一道茶的苦澀味才是最大的享受。之後澀味就會慢慢變淡，細細的清香和淡淡的甜味就會慢慢地在嗓子裡醞釀出來。優質信陽毛尖耐泡，一般沖泡3～5道仍有較濃的熟果香味。

安吉白茶

◎佳茗簡介

>>外形

安吉縣位於浙江省北部，這裡山川峻秀，綠水長流，是中國著名的竹子之鄉。安吉白茶為浙江名茶中的後起之秀，它是採用綠茶加工工藝製成的，屬綠茶類。

安吉地處天目山北麓，這裡群山起伏，樹竹成蔭，雲霧繚繞，雨量充沛，土壤肥沃。安吉還有「中國竹鄉」之稱，植被覆蓋率為60%。安吉全年氣候溫和，無霜期短，冬季低溫時間長，空氣相對濕度為81%，土壤中含有較多的鉀、鎂等微量元素。這些特定的條件為安吉白茶提供了良好的生長環境，有利於安吉白茶中胺基酸等營養物質的形成和積累，為茶葉香郁味鮮的品質奠定了基礎。

>>葉底

◎品質

[外形] 挺直略扁，形如蘭蕙

[色澤] 翠綠，白毫顯露

[葉底] 芽葉朵朵可辨，筋脈翠綠

[湯色] 嫩綠明亮

[香氣] 高揚持久

[滋味] 甘而生津

◎沖泡須知

由於安吉白茶原料細嫩，葉張較薄，因此沖泡時水溫不宜太高，一般控制在80～85℃為宜。

沖泡安吉白茶時宜選用透明玻璃杯或蓋碗。通過玻璃杯可以盡情地欣賞安吉白茶在水中的千姿百態，觀其葉白脈翠的獨特之處。

>>湯色

◎沖泡步驟

1. 備具，準備玻璃杯（容量約200毫升）和茶葉。（圖1）
2. 往玻璃杯中倒入適量開水，燙洗玻璃杯。（圖2）
3. 將水倒掉。（圖3）
4. 往玻璃杯內投入5克茶葉。（圖4）
5. 往杯內倒入水至八分滿。（圖5）
6. 欣賞茶舞後即可飲用。（圖6）

安吉白茶不是白茶嗎？

雖然名字裡帶「白茶」兩個字，但是安吉白茶是綠茶而不是白茶，因為它是按照綠茶的加工工藝製成的，生產過程包括殺青、揉捻、乾燥三道工序，而白茶是微發酵茶，加工工藝中不包括殺青的環節。安吉白茶之所以名字裡帶「白茶」兩字，是因為它的茶樹的嫩葉呈白色。

婺源茗眉

◎佳茗簡介

婺源茗眉是綠茶中的珍品之一，因其條索纖細如仕女之秀眉而得名。它產於江西省婺源縣，鄣公山、溪頭、江灣、沱川、古坦、段莘等地為婺源茗眉的天然產地，這裡也是江西省的主要綠茶產區之一。特別是海拔1000餘米的鄣公山，它地處贛東北山區，為懷玉山脈和黃山餘脈所環抱，地勢高峻，峰巒聳立，年均氣溫約17℃，晝夜溫差在10℃以上，年降水量在2000毫米左右，雨量充沛，相對濕度為83%，無霜期達250天，氣候溫和，全年霧日在60天以上，土壤多為紅壤、黃壤，腐殖層深厚，土壤肥沃，具有栽培茶樹的優越自然條件。該地種植的茶樹萌芽期早，葉質肥厚柔嫩，營養成分豐富。

正常年景，新茶一般在穀雨前十天內即可產出，葉片營養格外豐富的茶一般在穀雨前後幾天內產出。

>>外形

>>葉底

>>湯色

◎品質

[外形] 彎曲似眉，緊細纖秀
[色澤] 翠綠光潤，銀毫披露
[葉底] 柔嫩完整
[湯色] 黃綠清澈
[香氣] 帶蘭花香，香濃持久
[滋味] 濃而不苦，回味甘甜

◎沖泡步驟

1. 備具，賞茶。（圖1）

2. 燙洗玻璃杯後，將適量茶葉放入杯中。先注入少量熱水，浸潤一下茶葉。（圖2）

3. 待茶葉舒展後，再注水。（圖3）

4. 手持水壺往茶杯中注水時，採用「鳳凰三點頭」的手勢，用注入的熱水高沖茶葉，使其上下浮動，注水至水面離杯沿1～2釐米處即可。（圖4）

5. 靜待茶葉一片一片下沉，欣賞其慢慢展露的婀娜多姿的姿態。（圖5）

1

2 3 4 5

竹葉青

◎佳茗簡介

竹葉青又名青葉甘露，產於四川省峨眉山市及其周邊地區。竹葉青屬於扁平形炒青綠茶，其清醇、淡雅的品質有口皆碑。

竹葉青是20世紀60年代創製的名茶。1985年，竹葉青在葡萄牙舉辦的第24屆國際食品質量博覽會上獲金質獎。1988年，又榮獲中國食品博覽會金獎。

峨眉山產茶歷史悠久，唐代就有白芽茶被列為貢品。宋代詩人陸游有詩曰：「雪芽近自峨嵋得，不減紅囊顧渚春。」峨眉山山腰的萬年寺、清音閣、白龍洞、黑水寺一帶是盛產竹葉青的好地方。這裡群山環抱，終年雲霧繚繞，翠竹茂密，十分適宜茶樹生長。

竹葉青一般在清明前3～5天內開採，採摘標準為一芽一葉或一芽二葉初展，所採鮮葉十分細嫩，大小一致。採下的鮮葉在適當攤放後，經高溫殺青、三炒三涼，採用抖、撒、抓、壓、帶條等手法，做形、乾燥。

>>外形

>>湯色

◎品質

[外形] 外形扁平，兩頭尖細，形似竹葉

[色澤] 嫩綠油潤

[葉底] 黃綠明亮

[湯色] 嫩綠透亮

[香氣] 濃郁持久，有嫩栗香

[滋味] 口感順滑，清醇爽口

>>葉底

太平猴魁

◎佳茗簡介

太平猴魁屬於綠茶類中的尖茶，是中國名茶之一，創製於1900年，曾出現在非官方評選的「中國十大名茶」名單中。

太平猴魁產於安徽省黃山市北麓黃山區（原太平縣）的新明、龍門、三口一帶。產地低溫多雨，土質肥沃，雲霧籠罩，孕育了太平猴魁別具一格的品質：茶芽挺直，肥壯細嫩，外形魁偉，色澤蒼綠，全身毫白，具有清湯質綠、水色明、香氣濃、滋味醇、回味甜的特徵，是尖茶中最好的一種。太平猴魁曾在1915年的巴拿馬萬國博覽會上獲得金質獎章。

太平猴魁的色、香、味、形獨具一格，有「刀槍雲集，龍飛鳳舞」的特色。每朵茶都是兩葉抱一芽，扁平挺直，不散、不翹、不曲，俗稱「兩刀一槍」，素有「猴魁兩頭尖，不散不翹不捲邊」的美譽。茶葉全身披白毫，含而不露；入杯沖泡，芽葉成朵，或懸或沉，在明澈嫩綠的茶汁之中，似乎有好些小猴子在對你「搔首弄姿」。品其味，則幽香撲鼻，醇厚爽口，回味無窮，飲茶者可體會出「頭泡香高，二泡味濃，三泡四泡幽香猶存」的意境，感受獨特的「猴韻」。

>>外形

>>湯色

◎品質

[外形] 扁平挺直，魁偉壯實，兩葉抱一芽，白毫隱伏
[色澤] 蒼綠勻潤
[葉底] 嫩綠勻亮，芽葉肥壯成朵
[湯色] 清綠明澈
[香氣] 蘭香高爽
[滋味] 醇厚回甘

>>葉底

都匀毛尖

◎佳茗簡介

都匀毛尖又名「細毛尖」「魚鉤茶」，產於貴州省黔南布依族苗族自治州境內，核心產區位於有「全球綠色城市」「中國毛尖茶都」之稱的都匀市。該地區茶葉種植歷史悠久，茶文化積澱深厚，從唐貞觀九年（公元793年）起至清代，黔南大地一直是朝廷貢茶出產地之一，至今州內各族群眾仍保留著種茶、採茶、製茶的傳統技法。在每年春茶的採摘時節，該地都有拜山神、祭茶神的習俗，茶文化積澱深厚。

都匀毛尖曾於1915年在巴拿馬萬國博覽會上獲優質獎。1982年，都匀毛尖被評為「中國十大名茶」。2010年，都匀毛尖入選中國上海世博會十大名茶，還成為聯合國館的指定用茶。

◎產地分布與自然環境

黔南州地處雲貴高原東南部，山川秀美，氣候優越，生態良好，水土肥沃，平均海拔997米，年平均氣溫約16.2℃，年降雨量約1400毫米，核心產區森林覆蓋率達95%。該地區「低緯度、高海拔、寡日照、多雲霧、無污染」的地理環境特別適宜優質茶葉生產。截至2018年11月，黔南州茶園面積為932平方千米，其中投產茶園達673平方千米。俗話說「高山雲霧出好茶」，該地區生產的茶葉胺基酸、茶多酚等水浸出物的平均含量均高於國家綠茶標準。

◎選購

都勻毛尖有五個等級：尊品、珍品、特級、一級、二級，對應的品質特徵如下：

尊品：外形緊細捲曲、滿披白毫、勻整、嫩綠、淨；有嫩香、栗香；滋味鮮醇；湯色嫩黃綠、明亮；葉底嫩綠、鮮活勻整，水浸出物含量為43.2%，高於國家綠茶標準9.2個百分點。

珍品：外形緊細較捲、白毫顯露、勻整、綠潤、淨；有嫩香、栗香、清香；滋味鮮爽回甘；湯色嫩（淺）黃綠、明亮；葉底嫩勻、鮮活，水浸出物含量為40%，高於國家綠茶標準6個百分點。

特級：外形較緊細、彎曲露毫、勻整、綠潤、淨；有清香、栗香；滋味醇厚；湯色黃綠、較亮；葉底黃綠、較亮，水浸出物含量為40%，高於國家綠茶標準6個百分點。

一級：外形緊結、較彎曲、勻整、深綠、尚淨；香氣純正；滋味醇和；湯色黃綠、尚亮；葉底黃綠、較亮，水浸出物含量為38%，高於國家綠茶標準4個百分點。

二級：外形較緊、尚彎曲、尚勻整、墨綠、尚淨；香氣純正；滋味醇和；湯色較黃綠、尚亮；葉底黃綠、尚亮，水浸出物含量為38%，高於國家綠茶標準4個百分點。

◎品質

都勻毛尖素以「三綠三黃」的品質特徵著稱於世，即乾茶色澤綠中帶黃，湯色綠中透黃，葉底綠中顯黃。茶界前輩莊晚芳先生曾寫詩讚曰：「雪芽芳香都勻生，不亞龍井碧螺春。飲罷浮花清爽味，心曠神怡攻關靈！」

概括來說，都勻毛尖具有如下特色：

[外形] 條索捲曲，外形勻整，白毫顯露

[色澤] 翠綠

[葉底] 明亮，芽頭肥壯

[湯色] 清澈，綠中透黃

[香氣] 清高

[滋味] 鮮濃，回味甘甜

◎儲存

都匀毛尖屬於綠茶，儲存時需密封、冷藏，並注意防潮、防異味，保質期為24個月。

◎沖泡須知

都匀毛尖的沖泡用水推薦使用硬度較低的山泉水，器具推薦使用可使茶與水分離的玻璃、陶瓷杯等器皿。

沖泡口訣為：高水溫，多投茶，快出湯，茶水分離，不洗茶。

準備4～6克茶，將茶葉投入杯中，倒入150毫升90℃左右的水，自注水開始計時20～40秒出湯。沖泡時間短則滋味更清甜，沖泡時間長則滋味更醇厚。貴州茶區污染少，環境好，加上胺基酸、茶多酚等對人體健康有益的物質極易溶於水，倒掉實在可惜，因此沖泡都匀毛尖時不用洗茶，第一泡即可直接飲用。都匀毛尖茶毫較多，因此注水時建議避免直接擊打茶葉。

顧渚紫筍

顧渚紫筍因其鮮茶芽葉微紫、嫩葉背捲似筍殼而得名。該茶產於浙江省湖州市長興縣水口鄉顧渚山一帶，是上品貢茶中的「老前輩」，早在唐代便被茶聖陸羽論為「茶中第一」。顧渚紫筍茶自唐朝廣德年間開始以龍團茶進貢，至明朝洪武八年「罷貢」，並改制成條形散茶，前後歷經600餘年。明末清初，紫筍茶逐漸消失，直至20世紀70年代末才重新開始生產。

顧渚紫筍在每年清明至穀雨期間採摘，標準為一芽一葉或一芽二葉初展，外形或芽葉相抱，或芽挺葉稍展，形如蘭花。沖泡後，茶湯清澈明亮，色澤翠綠帶紫，味道甘鮮清爽，隱隱有蘭花香氣。

顧渚紫筍宜選用透明玻璃杯來沖泡。先用沸水溫杯，這樣有利於更好地泡出茶香，然後將溫杯的水倒掉，再倒入90℃左右的熱水，水量約為玻璃杯容量的1/4，接著放入適量茶葉，待乾茶充分吸收水分後，可端杯聞其香，再加滿水，然後小口品飲。待杯中剩1/3的水時再續水，這就是第二泡茶了，此時的茶最為鮮醇味美，是茶中的精華。品完後，可再續水。一般這種鮮嫩綠茶沖三遍過後就滋味寡淡了。

狗牯腦茶

狗牯腦產於江西省遂川縣湯湖鎮狗牯腦山。狗牯腦山矗立於羅霄山脈南麓支系的群山之中，坐南朝北，山南為五指峰，山北為老虎岩，東北5000米處有著名的湯湖溫泉。山中林木蒼翠，溪流潺潺，常年雲霧繚繞，四季清泉不絕，冬無嚴寒，夏無酷暑，土壤肥沃，是得天獨厚的名茶產地。

狗牯腦茶外形緊結秀麗，芽端微勾，色澤碧中微露黛綠，葉底嫩綠均勻，湯色清澄略呈金黃，香氣高雅略有花香，口感爽滑。

沖泡此茶推薦使用玻璃杯。如果用蓋碗泡，則泡後不要長時間加蓋，否則會導致茶湯變紅。茶葉和水的比例以1：50為宜，即每杯放3克左右的乾茶，可以加入150毫升左右的水。特供特級和貢品特級狗牯腦宜用80℃的溫開水沖泡，其他等級的狗牯腦宜用90℃的水沖泡。

徑山茶

徑山茶又名徑山毛峰茶，簡稱徑山茶。它產於浙江省杭州市餘杭區西北境內的天目山東北峰的徑山，因產地而得名，屬綠茶類名茶。這裡屬亞熱帶季風氣候區，溫和濕潤，雨量充沛，年均氣溫在16℃左右，年降水量約1800毫米，年日照時數約1970小時，無霜期約244天。嶺峰高處多霧，峰谷山坡多為黃壤，土質肥沃，結構疏鬆，對茶樹生長十分有利。

徑山茶外形緊細、毫毛顯露，色澤翠綠，葉底嫩勻成朵，湯色嫩綠瑩亮，香氣清馥持久，滋味鮮嫩，甘醇爽口。

沖泡徑山茶時，以上投法最為適宜。先放水後放茶，茶葉會很快沉入杯底。

恩施玉露

恩施玉露產於湖北省恩施市東郊五峰山。恩施玉露的殺青沿用唐代所用的蒸氣殺青方法，是中國目前保留下來的為數不多的傳統蒸青綠茶，其製作工藝及所用工具相當古老。

恩施玉露條索緊圓、光滑纖細、挺直如針，色澤蒼翠綠潤，被日本商人譽為「松針」。經沸水沖泡，芽葉復展如生，初時亭亭懸浮在杯中，繼而沉降杯底，平伏完整。湯色嫩綠明亮如玉露，香氣清爽，滋味醇和。觀其外形，賞心悅目；飲其茶湯，沁人心脾。

沖泡此茶時可選用玻璃杯，溫杯後投茶即可聞到乾茶清香，先加一點兒水浸潤茶葉，然後洗去浮葉，這時候茶香就散發出來了，再加水沖泡1～2分鐘即可飲用。恩施玉露茶湯口感醇鮮，清淡爽口。

保存時，宜將茶密封後放入冰箱冷凍層，以保持茶葉的香氣和口感。

老竹大方

老竹大方產於安徽省歙縣東北部皖浙交界的昱嶺關附近，集中產區有老竹鋪、三陽、金川，品質以老竹嶺和福全山所產的「頂谷大方」為最優，與歙縣毗鄰的浙江臨安也有少量產出。

老竹大方產區境內多高山，屬天目山脈，北面的清涼峰海拔約1787米。該地重巒疊嶂，青峰插雲，崗崖縱橫，溪澗網布，海拔在1300米以上的有老竹嶺頭、石坑崖上、翠屏山、黃平圩、老人岩、仙人峰、鴨子塘等。茶樹多生於高崖石隙裡和山間幽谷中。該地年平均溫度在16℃左右，年平均降水量約1800毫米，氣候溫和，雨量充沛，土壤肥沃，生態條件十分優越。

老竹大方茶產區範圍不大，但產量頗大。其中「頂谷大方」為近年來恢復生產的極品名茶，其品質特點是：外形扁平勻齊，色澤稍暗，滿披金毫；湯色清澈微黃；香氣高長，有板栗香；滋味醇厚爽口；葉底嫩勻，芽葉肥壯。普通大方色澤深綠，褐潤似鑄鐵，形如竹葉，故稱「鐵色大方」，又叫「竹葉大方」。

此茶適宜使用玻璃杯，以中投法沖泡。

汀溪蘭香

汀溪蘭香產於安徽省涇縣大坑村，形如繡剪，色澤翠綠，香似幽蘭，回味甘爽，是綠茶中的精品。

汀溪蘭香是在原有的汀溪提魁的基礎上，採用傳統手工工藝精製而成的系列茶，其色、形、味別有特色，並具有特殊的蘭花香。這與汀溪大坑的自然環境有著密切關係。當地山高林密，幽谷縱橫，土壤肥沃，氣候溫和，「晴時早晚遍地霧，陰雨成天滿山雲」。

汀溪蘭香的特徵是色澤翠綠、勻潤顯毫，嫩香持久、高爽馥郁，滋味鮮醇、甘爽耐泡，湯色嫩綠、清澈明亮，葉底嫩黃、勻整肥壯，品質十分優異。入杯沖泡，霧氣結頂，蘭花清香四溢，芽葉徐徐展開，茶湯清澈明淨，品之鮮醇爽口。它具有明目、清心、減肥、提神等功效。

汀溪蘭香屬天然無公害綠色食品，曾連續榮獲中國國際茶葉博覽會金獎。

紅茶

紅茶屬於全發酵茶類，是以茶樹的芽葉為原料，經過萎凋、揉捻（切）、發酵、乾燥等典型工藝加工製作而成的。因其乾茶色澤和沖泡的茶湯以紅色為主色調，故名紅茶。

世界上紅茶的品種有很多，產地也很廣，除中國以外，印度、斯里蘭卡也產紅碎茶。紅茶為中國第二大茶類，品種以祁門紅茶最為著名。世界上著名的四大紅茶是：祁門紅茶，阿薩姆紅茶，大吉嶺紅茶，錫蘭高地紅茶。

在加工過程中，紅茶鮮葉中的化學成分變化較大，茶多酚減少了90％以上，產生了茶黃素、茶紅素等新成分，香氣物質也明顯增加，所以紅茶具有紅茶、紅湯、紅葉和香甜味醇的特徵。

紅茶的種類較多，產地分佈較廣，按照其加工的方法與出品的茶形，一般可分為小種紅茶、工夫紅茶和紅碎茶三大類。工夫紅茶是中國特有的紅茶，比如祁門工夫、滇紅工夫等。這裡的「工夫」兩字有雙重含義，一是指加工的時候較別的紅茶下的功夫更多，二是沖泡和品飲需要充裕的時間。

紅茶的飲用方法有很多種，例如：根據花色品種的不同，有工夫飲法和快速飲法之分；根據調味方式的不同，有清飲法和調飲法之分；根據茶湯浸出方式的不同，有沖泡飲法和煮飲法之分。在西方茶文化中，人們通常在紅茶內加入砂糖或奶一起飲用，但中國人一般不這樣做。

祁門紅茶

◎佳茗簡介

祁門紅茶屬紅茶中的精品，簡稱祁紅，產於安徽省祁門一帶。祁門紅茶久負盛名，是英國女王和王室的摯愛。

祁門紅茶創製於清朝光緒年間，距今有100多年的歷史。清末時，茶葉開始出口，當時英、法、俄等國需求量最大的就是紅茶。19世紀70年代，祁門人胡元龍請師傅借鑑外省製作紅茶的方法，將祁門的茶葉加工成紅茶，經過多年努力，終有所成，從此打開市場，產品遠銷海外，後傳入英國王室，贏得了女王的鍾愛，祁門紅茶在歐洲開始成為上流社會的飲品，飲紅茶也被視為身份高貴的象徵。

到了近現代，茶葉的種植生產技術得到提升，世界經濟也逐漸一體化，中國的名茶更是成了世界的名茶，受到世界各國人士的喜愛。祁門紅茶與印度的大吉嶺紅茶、斯里蘭卡的烏伐紅茶齊名，被譽為世界三大高香名茶。

1915年，在巴拿馬萬國博覽會上，祁門紅茶獲得了金質獎章。

1980年，祁門紅茶獲國家優質產品獎章。

1983年，祁門紅茶獲國家出口商品優質榮譽證書。

1980年、1985年、1990年、1995年，祁門紅茶連續四次榮獲國家金質獎。

1987年，祁門紅茶獲第26屆布魯塞爾世界優質食品評選會金獎。

>>祁門紅茶

>>大吉嶺紅茶

>>烏伐紅茶

>>祁門一景

◎產地分布與自然環境

祁門紅茶產區分為三個區域。由溶口直上到侯潭轉往祁西歷口，在此區域內，以貴溪、黃家嶺、石跡源等處所產茶葉為最優，茶葉葉底厚薄適中，味醇香幽，發酵時間以一個半小時為準；由閃裡、箬坑到渚口，在此區域內，以箬坑、閃裡、高塘等處所產茶葉為佳，茶葉葉底薄，味濃色佳，發酵只需一小時；由塔坊直至祁紅轉出倒湖，在這一區域內以塘坑頭、棕裡、蘆溪、倒湖等處所產茶葉為代表，茶葉葉底厚，味濃，色暗，枝粗大，發酵需兩小時以上，這類茶葉一般以制綠茶為佳。貴溪至歷口這一區域產的紅茶，因質量最優，成為祁門紅茶之冠。

歷口有「祁門紅茶創始地」之稱，所產祁紅品質向來優異，據說1915年在巴拿馬萬國博覽會上獲金獎的祁紅，就是由歷口茶號選送的。

地理特點

祁門一帶地勢北高南低，丘陵與河谷盆地相間分布。

氣候特點

該地氣候屬亞熱帶季風氣候，氣候溫和，四季分明，雨量充沛。

氣溫

該地年平均氣溫約15℃。

水量

年降水量約1700毫米。

光照

該地年日照時數約1063小時。

土壤

該地土壤以沙礫紅壤、黃壤、黃棕壤、石灰岩土為主，土壤質地疏鬆，有機物質豐富。

植被

主要有常綠闊葉林、針葉林、竹林。

◎選購

祁門紅茶享譽中外，品牌眾多，而最有名、品質最好的為歷口、德昌順、儒信園、潤思等幾大品牌。

[歷口] 因產於祁門的歷口而得名，獨特的地理和氣候環境使得這裡生產的茶葉的品質成為祁門紅茶之冠。

[德昌順] 為六安同盛祥茶業股份有限公司旗下商標，六安同盛祥茶業股份有限公司起源於百年老字號同盛。

[儒信園] 中華老字號品牌，有「百年徽商」的美譽。

[潤思] 創立於1951年，經過數十年的發展，潤思牌紅茶的品質得到社會公認，成為祁門紅茶中的名品。

祁門紅茶分為禮茶、特茗、特級、一級到七級十個級別。下面主要從外形、湯色、香氣與滋味、葉底等方面進行區分。

等級	外形	湯色	香氣與滋味	葉底
禮茶	細嫩整齊，多嫩毫和毫尖，色澤烏潤	紅豔明亮	香氣高醇，有鮮甜的嫩香味，形成祁門紅茶獨有的風格	大部分是嫩芽葉，色澤鮮豔，整齊美觀
特茗	條索細整，嫩毫顯露，長短整齊，色澤烏潤	紅豔明亮	香氣高醇，有鮮甜的嫩香味，有祁門紅茶獨特的風格	嫩芽葉比禮茶少，色澤鮮豔
特級	條索緊細，嫩毫顯露，色澤潤，勻整	紅豔明亮	香氣高醇，鮮嫩，有祁門紅茶獨特的風格	嫩度明顯，整齊，色澤鮮豔
一級	條索緊細，嫩度明顯，長短均勻，色澤烏潤	紅豔明亮	香味高濃，有祁門紅茶特有的果糖香	嫩葉勻整，色澤紅豔
二級	條索細正，嫩度較一級差，色澤烏潤	紅豔程度不及一級	香味醇厚，有祁門紅茶的果糖香	芽條勻整，發酵適度
三級	條索緊實，較二級略粗，整度均勻，稍有鬆條	紅明	香味醇正、鮮厚，有收斂性，祁門紅茶特徵依然顯著	條整，發酵適度
四級	條索粗實，葉質稍輕，勻淨度較差，色澤帶灰	紅明較淡	香味醇正，且有濃度，仍有祁門紅茶的風味	整度較差，色紅而欠勻，夾有花青
五級	條索較粗，稍有筋片，勻淨度較差，色澤帶灰	紅淡	香味醇甜偏淡，但無粗老味	花青，稍含梗
六級	條索較鬆，色澤花雜	紅淡，明亮度不夠	香味粗淡，濃度欠缺	紅雜，含梗
七級	條索鬆泡，身骨輕，帶片木梗，色澤枯雜	淡而不明	香味低淡，滋味中帶有粗老味	粗暗梗顯

真正的祁門紅茶只生產於安徽省祁門縣，其他產地所產的都不是祁門紅茶。純正的祁門紅茶乾茶呈棕紅色，外形整齊，色澤稍暗，茶湯紅豔明亮，味道濃厚，香氣持久；冒牌的一般帶有人工色素，條索粗鬆，參差不齊，顏色鮮紅，湯色渾濁，味道苦澀淡薄。

◎品質

祁門紅茶以「香高、味醇、形美、色豔」四絕馳名於世，位居世界三大高香名茶之首，素有「群芳最」「紅茶皇后」之雅稱。祁門紅茶條索緊細勻整，鋒苗秀麗，色澤烏潤，香氣既似蜜糖香，又似果香，上品更是蘊含蘭花香，這種香氣也被稱為「祁門香」。沖泡後芳香馥郁持久，湯色紅豔明亮，滋味甘鮮醇厚，葉底紅豔明亮。既適合單獨沖泡，也適合加入牛奶做成奶茶飲用。

概括起來，祁門紅茶主要具有以下幾個特點：

[外形] 條索緊細秀長，勻稱整齊

[色澤] 色澤烏潤，富有光澤

[湯色] 紅豔明亮

[香氣] 香氣似果、似蜜糖、似花，清鮮持久

[滋味] 甘香醇厚

[葉底] 紅亮嫩軟

>>外形

>>湯色

>>葉底

◎儲存

儲存祁門紅茶時可以使用保鮮袋，也可使用茶葉罐。

1. 保鮮袋儲存法

在選擇保鮮袋的時候一定要注意：第一，必須用適合食品用的保鮮袋；第二，材質要選用密度高的；第三，袋子以厚實一些的為好；第四，材料本身不應有孔洞和異味。保存時，將祁門紅茶放入保鮮袋中密封起來，放置於陰涼乾燥處即可。也可以將包好的茶葉放進冰箱冷藏儲存。

2. 茶葉罐儲存法

茶葉罐儲存法比較簡便，而且防潮性比較好，但是要保證茶葉罐內部乾燥、乾淨、無異味。將茶葉放入其中後，置於陰涼乾燥處即可。

◎沖泡須知

沖泡祁門紅茶時，最好選用軟水，泉水最佳，純淨水次之，不宜選用礦泉水。祁門紅茶屬發酵茶，最好用紫砂茶具或白瓷茶具來沖泡。沖泡時，按照茶葉和水1：50的比例，用90～95℃的水沖泡，泡上2～3分鐘後出湯即可品飲。

◎沖泡步驟

1. 簡單泡法

將水燒沸，在茶杯內倒入適量茶葉，沖入涼至90～95℃的水，隔45秒左右將茶湯倒入小杯，先聞香，再品味。

2. 工夫泡茶法

首先將茶葉放入茶壺，加水沖泡，然後按循環倒茶法將茶湯注入各個茶杯，並使茶湯濃度一致。品飲時要細品慢飲，好的工夫紅茶一般可以沖泡2～3次。

①備具。將壺、公道杯、品茗杯、茶罐等放在茶盤上。（圖1）

②賞茶。欣賞茶葉的色澤和外形。（圖2）

③燙杯熱壺。將開水倒入茶壺，然後將水倒入公道杯，接著倒入品茗杯。（圖3）

④倒掉廢水。將品茗杯內的水倒掉。（圖4）

⑤投茶。按1:50的比例把茶葉放入壺中。（圖5）

⑥第一泡。將90～95℃的水加入壺中，泡1分鐘，然後將茶水倒入公道杯，再從公道杯斟入品茗杯，只斟七分滿。（圖6）

⑦細聞幽香。將品茗杯放在鼻子下方，細聞幽香後將茶湯倒掉。第二泡、第三泡沖泡時的操作同上，浸泡時間逐次延長，聞香後即可品飲。（圖7）

1

2

3

◎品飲

祁門紅茶有蘭香或水果香，滋味醇厚，回甘持久，飲上一杯可以去疲解乏，令人神清氣爽。而且祁門紅茶對胃的刺激性小，可以說是「味美胃也美」。但是要記住，紅茶不適合製成冷飲，否則會刺激腸胃。

正山小種

◎佳茗簡介

正山小種又稱拉普山小種，屬紅茶類，是中國生產的一種紅茶，亦是最古老的一種紅茶。該茶首創於福建省崇安縣桐木關地區，現產地為福建省武夷山市。

「正山」指的是正確、正宗，「小種」是指其茶樹品種為小葉種，且有產量受地域的小氣候所限之意，故正山小種又稱桐木關小種。

正山小種是用松針或松柴薰制而成的，有著非常濃烈的香味。因為經過薰製，所以茶葉呈黑色，但茶湯為深紅色。該茶非常適合在品嘗咖哩和肉類菜肴時飲用。

正山小種的產地以桐木關為中心，崇安、建陽、光澤三地交界處的高地茶園均有生產。產區四周群山環抱，山高谷深，氣候寒冷，年降水量在2300毫米以上，相對濕度在80%～85%之間，霧日在100天以上，日照較短，霜期較長，土壤水分充足，肥沃疏鬆，有機物質含量高。茶樹生長茂盛，茶芽粗纖維少，嫩性高。每逢春季，此地常遇綿綿細雨，日照極少，故採摘的茶鮮葉大部分都需依靠加溫萎凋，也就是借助燃料進行烘焙。當地松樹眾多，用於燒火的燃料都是松柴，松柴燃燒後會產生很大的松煙味，因此鮮葉在萎凋時會吸收很多松煙味。在烘乾過程中，將發酵茶葉攤在竹篩上，放在吊架上晾乾或用松柴烘烤，茶葉進一步地吸收了松煙味。

正山小種保存起來很容易，只要在常溫下密封保存即可。因其是全發酵茶，一般存放一兩年後松煙味會進一步轉換為乾果香，滋味會變得更加醇厚甘甜。對於正山小種來說，茶葉越陳越好，陳年（存放三年以上）的正山小種味道特別醇厚。

一位日本茶人曾這樣評價正山小種：「這是一種讓人愛憎分明的茶，只要喜歡上它，便永遠不會放棄它。」品飲紅茶就如同品悟愛情，需要多一點深情，多一點溫柔，就像是與茶對話一樣。

◎品質

[外形] 條索緊結勻齊
[色澤] 黃黑相間，金毫分明
[葉底] 紅亮
[湯色] 豔紅
[香氣] 芬芳濃烈
[滋味] 滋味醇厚，似桂圓湯味

>>外形

>>葉底

>>湯色

◎沖泡步驟

1. 清飲法

在正山小種中不加任何其他輔料，保持正山小種的真香和本味的飲法稱為清飲法。清飲法按茶湯的加工方法可分為沖泡法和煮飲法兩種，其中以沖泡法為好，既方便又衛生。沖泡時可用杯，亦可用壺，投茶量因人而異。清飲時，靜心感受紅茶的真香和本味，最容易體會到黃庭堅品茶時所感受到的「恰如燈下，故人萬里，歸來對影。口不能言，心下快活自省」的絕妙境界。

沖泡時，根據茶壺的容量投入適量正山小種，注入90℃左右的水，如果頭幾次沖泡的時候使用剛燒開的沸水，可能會導致茶湯出現酸味。浸泡時間根據個人口感和喜好決定，一般第一泡為10秒，第二泡為20秒，第三泡為30秒，後幾泡時間可適當延長。沖泡正山小種時，不宜讓茶葉浸泡過久，合適的浸泡時間不僅能使茶湯滋味宜人，還可增加沖泡次數。三泡後，每次沖泡的茶湯湯色應儘量與第三泡的保持一致。

1.備具。準備好茶具以及茶葉。

2.賞茶。觀賞茶荷中的茶葉。

3.潔具。將煮水器裡面的沸水倒入紫砂壺。

4.蓋好壺蓋，將沸水淋於壺上。

5.將紫砂壺內的沸水倒入公道杯。

6.再將公道杯內的水倒入品茗杯。

7.將品茗杯中的水倒掉，燙洗茶具的步驟就結束了。

8.將茶荷中的茶葉撥入紫砂壺。

9.再將90℃的開水倒入紫砂壺，高沖緩收。

10.用適量沸水沖洗壺蓋。

11.蓋上壺蓋，將適量沸水淋於壺上。

12.將紫砂壺內的茶湯倒入公道杯。

13.將公道杯內的茶湯倒掉，第一泡的茶湯一般不喝，可用來燙杯。

14.再次將水倒入紫砂壺。

15.稍等片刻後，將茶湯倒入公道杯。

16.將公道杯裡的茶湯倒入品茗杯。

17.端起品茗杯品飲。

2. 調飲法

在紅茶中加入輔料以佐湯味的飲法稱為調飲法。調飲紅茶可用的輔料種類極為豐富，如牛奶、糖、檸檬汁、蜂蜜甚至香檳酒等，都可用來調配。用紅茶調出的飲品風味各異，深受各層次消費者的青睞。

採用調飲法時，準備瓷壺1把（咖啡器具也可），高壁玻璃杯1個，過濾網1個，正山小種及其他輔料，即可開始沖泡。先按照清飲法的操作步驟泡茶，然後在高壁玻璃杯中投入方塊狀冰塊，接著根據口感投入適量的糖漿，不加糖漿也可以。待茶沖泡好後，將過濾網置於玻璃杯上方，然後快速地將茶水注入杯中。注入茶水時一定要讓水急沖入杯中，否則杯口會出現白色泡沫，影響美觀。最後，可將兩片檸檬放在杯口作為裝飾。

滇紅工夫

◎佳茗簡介

滇紅工夫茶產於雲南省南部與西南部的臨滄、保山、鳳慶、西雙版納、德宏等地。當地群峰起伏，平均海拔在1000米以上，年均氣溫為18～22℃，年積溫在6000℃以上，晝夜溫差懸殊，年降水量為1200～1700毫米。當地森林茂密，落葉枯草形成了深厚的腐殖層，土壤肥沃，因此當地的茶樹十分高大，芽壯葉肥，茸毫顯露，即使長至5～6片葉，仍質軟鮮嫩。茶葉中多酚類化合物、生物鹼等成分的含量居中國茶葉之首。

滇紅工夫茶以外形肥碩緊實、金毫顯露和香高味濃的品質獨樹一幟。具體而言，滇紅工夫茶條索緊結，肥碩雄壯，乾茶色澤烏潤，金毫特顯，內質湯色豔亮，香氣鮮郁高長，滋味濃厚鮮爽，葉底紅勻嫩亮。

滇紅的品飲多以加糖加奶調和飲用為主，加奶後香氣依然濃烈。沖泡後的滇紅茶湯紅豔明亮，高檔滇紅的茶湯與茶杯接觸處常顯金圈，冷卻後立即出現乳凝狀的冷後渾現象，冷後渾出現得越早，說明茶葉質量越優。

>>外形

>>湯色

◎品質

[外形] 緊結肥碩
[色澤] 烏潤，金毫特顯
[葉底] 紅潤勻亮
[湯色] 紅豔明亮
[香氣] 鮮濃
[滋味] 醇厚

>>葉底

政和工夫

◎佳茗簡介

福建政和工夫紅茶產於福建東北部，產地以政和縣為主，境內山嶺起伏，河流交錯，森林密布，土壤肥沃，海拔在200～1000米之間，氣候溫和，雨量充沛，年平均氣溫約為19℃，年無霜期在260天左右，年降雨量在1600毫升以上。政和工夫紅茶為福建三大工夫茶之首，產地茶園多開闢在緩坡處的森林空地，土層深厚，酸度適宜，唯從生長在這種環境中的茶樹上採摘的茶葉才適宜製作政和工夫紅茶 。松溪以及浙江的慶元地區所出的紅毛茶在政和加工，亦屬福建政和工夫紅茶。

政和工夫茶條索肥壯重實、勻齊，色澤烏黑油潤，毫芽顯露金黃色，頗為美觀；香氣濃郁芬芳，隱約之間頗似紫羅蘭的香氣；湯色紅豔，滋味醇厚。

政和工夫茶以政和大白茶品種為主體，揚其毫多味濃之優點，又適當加以高香之小葉茶，因此高級政和工夫茶外形勻稱，香味濃郁。政和工夫茶猶如風姿綽約的少婦，充溢著熱情和美豔，琥珀般醇厚的顏色，淡淡的苦澀，彰顯了優雅、小資和高貴。

政和工夫茶既宜於清飲，又適合添加砂糖、牛奶等輔料後飲用。政和工夫茶以獨特的口感和香氣取勝，貯存時，需嚴防發生變味、變質、發黴等情況。

>>外形

>>湯色

>>葉底

◎品質

[外形] 重實，勻齊
[色澤] 烏黑鑲金黃
[葉底] 肥壯尚紅
[湯色] 紅豔明亮
[香氣] 濃郁芬芳
[滋味] 醇和而甘濃

|金駿眉|

◎佳茗簡介

金駿眉是正山小種的一個分支，目前是中國頂級紅茶的代表。金駿眉之所以名貴，是因為它全程都由製茶師傅手工製作，每500克金駿眉需要數萬顆的新鮮茶芽，經過複雜的萎凋、搖青、發酵、揉捻等步驟才得以製成。金駿眉名字的由來如下：

1. 金。金代表等級。金者，貴重之物也。金駿眉的「金」，並不是說乾茶是金黃色的，市面上流傳的金駿眉應該是金黃色、金黃色茸毛多的說法乃是誤傳，正宗的金駿眉應該是三分金色七分黑色，色亮而潤。

2. 駿。駿通「峻」，指原料採自生長在桐木關自然保護區崇山峻嶺之中的野生茶樹。

3. 眉。眉形容外形。眉有長壽、長久之意，很多傳統名茶的名稱中皆有「眉」字，如壽眉、珍眉等。

>>外形

>> 湯色

金駿眉外形緊秀，顏色為金、黃、黑相間，細看可見茶的茸毛、嫩芽為金黃色，條索緊細纖長，圓而挺直，有鋒苗，身骨重，勻整。湯色為金黃色，啜一口入喉，甘甜感頓生。其香味似果、蜜、花等，滋味鮮活甘爽，喉韻悠長，沁人心脾，使人彷彿置身於原始森林之中。連泡多次，口感仍然飽滿甘甜，葉底舒展後，芽尖鮮活，秀挺亮麗。總之，金駿眉實屬可遇不可求之茶中珍品。

◎品質

[外形] 緊結秀長
[色澤] 色亮而潤
[葉底] 秀挺亮麗
[湯色] 金黃明亮
[香氣] 有果、蜜、花香
[滋味] 鮮活甘爽

>>葉底

坦洋工夫

「中國茶葉之鄉」福安是久負盛名的歷史名茶——坦洋工夫的原產地，位於福建省東北部。坦洋工夫是福建省三大工夫紅茶之一，相傳於清咸豐、同治年間，由福安市坦洋村人試製成功，距今已有100多年的歷史。坦洋工夫產區分布很廣，以福安市坦洋村為中心，遍及福安、柘榮、壽寧、周寧、霞浦及屏南北部等地。

坦洋工夫外形圓直勻整，毫芽金黃，色澤烏黑有光，葉底紅勻光亮，湯色鮮豔呈金色，香氣清鮮高爽，滋味清甜爽口。

川紅工夫

川紅工夫產於四川宜賓等地，是20世紀50年代問世的工夫紅茶。川紅問世以來，在國際市場上享有較高的聲譽，多年來暢銷俄羅斯、法國、英國、德國及羅馬尼亞等國家和地區，堪稱中國工夫紅茶的後起之秀。

四川省是中國的茶樹發源地之一，茶葉生產歷史悠久。四川地勢北高南低，東部為盆地地形，秦嶺、大巴山擋住北來寒流，東南向的海洋季風則可直達盆地各隅。此地年降雨量為1000～1300毫米，氣候溫和，年均氣溫為17～18℃，極端最低氣溫不低於-4℃。最冷的1月份，其平均氣溫較同緯度的長江中下游地區高2～4℃。茶園土壤多為山地黃泥及紫色砂土。

川紅工夫外形肥壯圓緊，色澤烏黑油潤，葉底厚軟紅勻，湯色濃亮，香氣清鮮帶糖香，滋味醇厚鮮爽。

烏龍茶

烏龍茶亦稱青茶、半發酵茶，是中國幾大茶類中獨具特色的茶葉品類。烏龍茶是經過殺青、萎凋、搖青、半發酵、烘焙等工序製出的品質優異的茶類。

烏龍茶由宋代貢茶龍團、鳳餅演變而來，創製於1725年前後（清雍正年間）。烏龍茶為中國特有的茶類，主要產於福建、廣東、臺灣。近年來四川、湖南等省也有少量產出。

烏龍茶綜合了綠茶和紅茶的製法，其品質介於綠茶和紅茶之間，既有紅茶的濃鮮味，又有綠茶的清香味，並有「綠葉紅鑲邊」的美譽。

綠茶與烏龍茶最大的差別在於綠茶沒有經過發酵這個過程。茶葉中的兒茶素會隨著發酵溫度的升高而相互結合，致使茶的顏色變深，同時茶的澀味也會減少。這種兒茶素相互結合所形成的成分就是多酚類物質，烏龍茶鮮葉中所含有的兒茶素大約有一半會轉化為多酚類物質。因此，在兒茶素的抗氧化作用和多酚類物質的雙重作用之下，烏龍茶就具有了一些綠茶所沒有的功效。

經現代國內外科學研究證實，除了具有提神益智、消除疲勞、生津利尿、解熱防暑、殺菌消炎、解毒防病、消食去膩、減肥健美等一般茶葉都具有的保健功能外，烏龍茶的特殊功效突出表現在防癌症、降血脂、抗衰老等方面。

品飲烏龍茶不僅對人體健康有益，還可為生活增添無窮樂趣，但品茶有三忌：

一忌空腹飲：空腹飲茶會讓人感到饑腸轆轆，頭暈欲吐，也就是「茶醉」。

二忌睡前飲：睡前飲茶易使人難以入睡。

三忌飲冷茶：茶水冷後性寒，對胃不利。

初飲烏龍茶的人要尤其重視這三忌，因為烏龍茶所含的茶多酚及咖啡因較其他茶多。

武夷岩茶

◎佳茗簡介

武夷岩茶屬於烏龍茶，因產於福建北部的武夷山區而得名。該地產茶歷史悠久，早在商周的時候，武夷茶就被濮閩族的君長，在會盟伐紂時獻給了周武王。到西漢時，武夷茶已經初具盛名。

唐代徐夤有詩云：「武夷春暖月初圓，採摘新芽獻地仙。飛鵲印成香蠟片，啼猿溪走木蘭船。金槽和碾沉香末，冰碗輕涵翠縷煙。分贈恩深知最異，晚鐺宜煮北山泉。」說的就是在唐朝的時候，武夷茶就被當作饋贈親友的佳品。

到了宋代，製茶技術得到創新和發展，飲茶之風盛行。各地產茶的種類不下百種，就是貢茶也有好幾十種。此時的武夷茶也是北苑貢茶的一部分，被運往建州進貢。范仲淹就寫下過「溪邊奇茗冠天下，武夷仙人從古栽」「北苑將期獻天子，林下雄豪先鬥美」的詩句。林逋更是對武夷茶大加讚賞，寫道：「石碾輕飛瑟瑟塵，乳香烹出建溪春。世間絕品人難識，閒對茶經憶古人。」

元朝，統治者嗜茶成性，且頗有品茶工夫，武夷茶便成了首選。元大德六年，朝廷在武夷山的四曲溪畔創設了皇家焙茶局，稱之為「御茶園」，從此，武夷茶被大量進貢。武夷茶的影響力在這一時期得到進一步的擴大。

明朝，朱元璋命令產茶地禁止製蒸青團茶，改製芽茶入貢。在這個時期，武夷茶名氣不減反增。著名茶人許次紓的「於今貢茶……惟有武夷雨前最勝」足以說明，在明朝的時候，武夷茶在貢茶中十分受歡迎，在名流貴族中也很流行。

明末清初，茶葉的加工炒製方法不斷改進創新，開始出現烏龍茶。清朝是武夷茶全面發展的時期。在這一時期，武夷山區不僅生產武夷岩茶、紅茶、綠茶，還生產許多其他的名茶。

17世紀，茶葉的種植技術、加工工藝都得到了顯著提升，武夷茶開始外銷。1607年，荷蘭東印度公司首次採購武夷岩茶，經爪哇轉銷歐洲各地。武夷岩茶逐漸被一些歐洲人稱為「中國茶」，成為他們的日常必需品。當時在倫敦的市場上，武夷岩茶的價格比浙江的珠茶還要高，為中國茶之首。

從19世紀20年代開始，亞非美的一些國家開始試種武夷茶。20世紀80年代，武夷岩茶又受到日本人的追捧，被認為是健美茶，深受女性朋友的喜愛。

2002年，武夷岩茶被國家確認為原產地域保護產品，規範了一系列生產、製作標準。

2010年，武夷山市政府申報的「武夷山大紅袍」被國家工商總局認定為中國馳名商標。

武夷山區產茶歷史悠久，茶葉種類繁多，品質優良，可以說是當之無愧的「茶葉之鄉」。

>>武夷岩茶茶園

◎產地分布與自然環境

武夷山四面皆溪壑，有三十六峰、七十二洞、九十九岩之勝。山中氣候溫暖，無嚴寒酷暑之別，常年雨量充沛，岩泉滲流，雲霧彌漫，相對濕度較大；土壤疏鬆，酸度適宜，富含有機質和礦物質。

在岩茶的生長地區，幾乎所有的茶樹都生長在坡崖中石塊壘起的梯台上或是狹長的峽谷間，這種環境中有陽光，但茶樹又不會被陽光直接照射到。同時，茶樹周邊有許多桂花、杜鵑、四季蘭和菖蒲等，這些植物散發的香氣對岩茶的香型有一定影響。

地理特點

平均海拔600多米，屬於中海拔地區。當地峰岩交錯，翠崗起伏，峽谷縱橫。九曲溪水碧綠清透，素有碧水丹山、奇峰怪石之稱。

氣候特點

屬亞熱帶季風氣候，氣候溫和，四季分明，雲霧彌漫，無霜期長，雨量充沛。

氣溫

年平均氣溫16～18.5℃。

水量

年降雨量2000毫米左右，年平均相對濕度80%左右。

光照

年日照小時數約為1063小時。

土壤

土壤疏鬆，酸度適宜，富含有機質和礦物質

植被

主要植被為常綠闊葉林，以樟科、木蘭科和杜英科為主，還有大面積人工種植的杉木林、馬尾松林和毛竹林。

◎選購

武夷岩茶品目繁多，僅山北慧苑岩便有名茶上百種，其中以大紅袍、鐵羅漢、水金龜、白雞冠、四季春、萬年青、肉桂、不知春、白牡丹等較為有名。目前，武夷岩茶國家標準（GB/T18745—2006）規定：只有生長在福建省武夷山市，用獨特的傳統工藝加工製作而成的烏龍茶才叫武夷岩茶。

	大紅袍	武夷水仙	水金龜	武夷肉桂
乾茶				
湯色				

武夷岩茶有「活 、甘、清、香」的特點。優質武夷岩茶應具備如下特徵：無明顯苦澀味，茶湯有點稠，潤滑，回甘顯，回味足。在辨別武夷岩茶的優劣時，除了看它的乾燥程度、外形是否長短適宜、是否有雜質外，還可以從以下幾個方面入手。

[茶香] 沖泡後芳香持久者為上品，香氣迅速變弱者為下品，夾雜異味者為劣品。茶葉的異味一般是十分容易辨別的。

[茶湯] 茶湯濃度變化小者為上品，濃度變化大者為下品。

[口感] 口感苦澀度弱者為上品，苦澀度強者為下品。

[回甘] 回甘清幽持久者為上品。

質量不佳的武夷岩茶有時會有一些異味，異味的種類和出現異味的原因如下：

[煙味] 出現煙味多是由焙茶環節中出現走煙現象導致的。

[青味] 茶葉中夾雜著青草味，多是發酵不到位導致的。

[餿味] 餿味是類似變質的味道。一般夏秋茶容易有這種味道，好的清明茶不會有。

[焦味] 殺青時，如果火候沒有把握好，就會產生焦味。

[返青味] 茶葉保存不善、受潮，會導致茶葉有返青味。

◎品質

武夷岩茶條形壯結、勻整，色澤烏褐鮮潤，或帶墨綠，或帶砂綠，或帶青褐，或帶寶色。沖泡後茶湯呈深橙黃色，清澈豔麗；葉底軟亮，葉緣朱紅，葉心淡綠帶黃；岩韻醇厚，花香清雅。泡飲時常用小壺小杯，因其香味濃郁，沖泡五六次後餘韻猶存。

武夷岩茶品目較多，不同的茶葉品種會有一些不同的特徵，但是大致說來，真正的武夷岩茶都具有以下特點：

[外形] 質實量重，條索肥壯，緊結。但水仙品種屬大葉種，條索略粗。

[色澤] 呈鮮明的綠褐色，俗稱寶色。有的茶條索表面有蛙皮狀的小白點，有小白點者為揉捻適宜、焙火適度的好茶。

[葉底] 優質茶葉用開水沖泡後，葉片易展開，且極柔軟，葉緣可見銀朱色，葉片中央呈淡綠色、略帶黃色，葉脈呈淡黃色。

[湯色] 武夷岩茶湯色一般呈深橙黃色，清澈鮮麗，以泡至第三至四次而湯色仍不變淡者為貴。

[香氣] 岩茶為半發酵茶，具有綠茶的清香與紅茶的熟香，其香氣清新幽遠，香氣越強，品質越佳。

[滋味] 入口有濃厚的芬芳韻味，入口過喉均感潤滑，初有苦澀，過後則漸漸生津，甘爽可口。岩茶品質的好壞受氣味的優劣、韻味的濃淡影響。

[沖次] 通常以沖泡至五泡以上茶味仍未變淡者為佳，最佳者「八泡有餘香，九泡有餘味」。

>>外形

>>湯色

>>葉底

◎儲存

武夷岩茶比較耐儲存，儲存環境的溫度一般在20℃以下即可。在密封、乾燥、避光的情況下，可以儲存18個月以上。但是清香型的武夷岩茶較不耐儲存，易出現返青味。傳統濃香型岩茶更耐儲存，而且儲存的時間越久，茶湯滋味越醇厚。

保存時需要注意的是：武夷岩茶為條狀，容易碎，不適合抽真空儲存。一般來說，先用鋁箔袋包裝，然後將鋁箔袋放入密封性能好的茶葉罐保存即可，但要注意，每次喝完後應紮緊袋口，不讓茶葉袋漏氣。武夷岩茶不適合放在冰箱裡低溫保存，如果要放在冰箱裡保存，最好先將其密封起來再放入冰箱，否則反而容易受潮。

◎沖泡須知

1. 水溫要求：沖泡武夷茶的水應為現開的水，不宜用水溫低於90℃或是反覆燒開的水。武夷茶硬度較大，較乾燥，用溫度較高的水沖泡，才能更好地泡出茶的滋味。

2. 用具：沖泡武夷岩茶時宜用紫砂壺。

3. 投茶量：茶葉量一般為茶具容量的1/2，也可以根據自己的喜好適當調整。

4. 浸泡時間：第一次以10～20秒為佳，後面的浸泡時間需根據個人口味進行調整，若想要茶濃點，適當延長浸泡時間即可。

◎沖泡步驟

1. 將擺放好的茶具用沸水燙洗。先將煮水器裡面的沸水倒入紫砂壺，然後將壺內的水倒入公道杯，再將公道杯內的水倒入品茗杯，最後將水倒掉，用茶巾將殘餘的水分吸乾。（圖1～7）

2. 將茶葉撥入壺中，茶量視茶壺容量而定，一般1克茶用20～25毫升水沖泡。（圖8）

3.將沸水高沖入壺中，借助水的衝擊力使茶葉在壺中翻滾，達到洗茶的目的。（圖9）

4.先用壺蓋輕輕刮去茶湯表面的泡沫，再蓋上壺蓋，然後用沸水沖去留在壺蓋邊緣的泡沫，最後用沸水淋壺。（圖10）

5.將茶湯倒入公道杯，然後倒入品茗杯，最後倒掉，達到二次洗杯的目的。再用沸水高沖，以激出茶香。靜置10秒鐘後，即可將茶湯倒入公道杯。（圖11）

6.將公道杯內的茶湯倒入品茗杯，就可以奉茶敬客了。（圖12～14）

◎品飲

武夷岩茶滋味醇厚，有獨特的「岩韻」。其香氣高遠濃郁，或花香，或果香，或乳香，連茶具也往往彌漫著香氣。因此品武夷岩茶時，可品乾茶香、蓋香、水香、杯底香、葉底香等。茶湯入口，芳香更是在唇齒之間縈繞不絕，令人回味無窮。

安溪鐵觀音

◎佳茗簡介

安溪鐵觀音屬於烏龍茶。鐵觀音起源於1725年至1735年。在安溪鐵觀音的生長區內至今仍有不少的野生古茶樹，據專家考證，樹齡最長的已有上千歲。

明朝，據《清水岩志》載：「清水高峰，出雲吐霧，寺僧植茶，飽山嵐之氣，沐日月之精，得煙霞之靄，食之能療百病。老寮等處屬人家，清香之味不及也。鬼空口有宋植二三株，其味尤香，其功益大，飲之不覺兩腋風生，倘遇陸羽，將以補茶經焉。」

清朝，茶葉從種植到加工製作再到銷售的各個環節都逐步完善，安溪茶業在此時迅速發展起來，相繼出現了黃金桂、本山、佛手、毛蟹、梅占、大葉烏龍等一大批優良的茶葉品種。在這一時期，當地茶農借鑑了武夷茶的加工技術，創製了安溪烏龍茶。清朝著名僧人釋超全的詩句「溪茶遂仿岩茶樣，先炒後焙不爭差」，說的就是安溪茶葉的加工製作技術。鐵觀音產出後，迅速地傳到周邊地區，影響力越來越大。到光緒年間，鐵觀音已經傳到了廣東一帶，並且大受歡迎，名氣日盛。

1949年之後，農林業受到重視，安溪的茶業也呈現出全新的發展面貌，安溪也因鐵觀音獨特的品質奠定了「中國名茶之鄉」的地位。茶業成為該地的主要經濟來源，惠及千家萬戶安溪人。

近年來，安溪鐵觀音借鑑了法國葡萄酒莊園的生產經營模式，建立了「生產有記錄、信息可查詢、流向可跟蹤、責任可追究、產品可召回」的茶葉質量可追溯體系，茶葉的產量和質量得到了進一步的提升，成為值得廣大消費者信賴的茶品。

>>茶園

◎產地分布與自然環境

鐵觀音產於福建安溪。鐵觀音樹種天性較弱，抗逆性差，種植起來十分不易，一直便有鐵觀音「好喝不好栽」的說法。位於福建省中部偏南、晉江西溪上游的安溪，水源充足，峰巒俊秀，丘陵綿延，被譽為閩南金三角中的一塊寶地。

安溪境內按照地形地貌差異被分為內安溪和外安溪。內安溪地勢高峻，山巒陡峭，平均海拔在600～700米。外安溪地勢平緩，多低山丘陵，平均海拔在300～400米。茶樹主要分佈在內安溪，內安溪鐵觀音的產量大約占總產量的80%。

地理特點

安溪的地理坐標為北緯24°50°～25°26'，東經117°36°～118°17'。地勢自西北向東南傾斜。

氣溫

年平均氣溫15～18℃，無霜期260～324天。

土壤

土質大部分為酸性紅壤，pH值在4.5～5.6之間，土層深厚。

氣候特點

該地區的氣候屬亞熱帶海洋性季風氣候，夏季漫長炎熱，冬無嚴寒。

水量

年降雨量1700～1900毫米，相對濕度78%以上。

植被

西北中低山區屬於亞熱帶常綠闊葉林植被帶，東南丘陵低山區為亞熱帶雨林帶。主要植被有杉木林、馬尾松林及一些人工替代林。

◎選購

在安溪境內，生產鐵觀音的鄉鎮有十多個，茶葉的品牌也多以鄉鎮名命名，其中最著名的有感德鐵觀音、西坪鐵觀音、祥華鐵觀音。

[感德鐵觀音] 感德鎮有「中國鐵觀音第一鎮」的稱號。感德鐵觀音的主要特點是：香氣持久，濃郁芬芳；湯色清淡鮮亮；入口甘爽；因為海拔高，氣候獨特，蟲害和化肥農藥殘留少，屬綠色飲品。

[西坪鐵觀音] 西坪鐵觀音湯濃韻雅香，入口甘鮮醇厚。第一、二泡湯色較為清淡，三泡之後轉為黃綠色，入口微帶酸味，酸中有幽香，滋味妙不可言。

[祥華鐵觀音] 祥華鐵觀音味正、湯醇、回甘強。第一口，茶味醇正；第二口，湯水厚實，略帶稠感；第三口，回甘強，人飲後唇齒彌香，回味無限。

安溪鐵觀音分成兩大類，一類是濃香型鐵觀音，一類是清香型鐵觀音。濃香型又分為特級、一級、二級、三級、四級共五個級別，清香型又分為特級、一級、二級、三級共四個級別。

等級	外形	湯色	滋味	香氣	葉底
濃香型特級鐵觀音	條索肥壯、圓結，色澤翠綠、烏潤、砂綠明	金黃清澈	醇厚鮮爽有回甘，音韻明顯	濃郁持久	肥厚、軟亮勻整、紅邊明、有餘香
濃香型一級鐵觀音	條索較肥壯、結實，色澤烏潤、砂綠較明	深金黃、清澈	醇厚、尚鮮爽、音韻明	清高、持久	尚軟亮、勻整、有紅邊、稍有餘香
濃香型二級鐵觀音	條索稍肥壯、略結實，色澤烏綠、有砂綠	橙黃、深黃	醇和鮮爽、音韻稍明	尚清高	稍軟亮、略勻整
濃香型三級鐵觀音	條索捲曲、尚結實，色澤烏綠、稍帶褐紅點	深橙黃、清黃	醇和、音韻輕微	清純平正	稍勻整、帶褐紅色
濃香型四級鐵觀音	條索尚彎曲、略粗鬆，色澤暗綠、帶褐紅色	橙紅、清紅	稍有粗味	平淡、稍粗飄	欠勻整、有粗葉及褐紅葉
清香型特級鐵觀音	條索肥壯、圓結、重實，色澤翠綠潤、砂綠明顯	金黃明亮	鮮醇高爽、音韻明顯	高香、持久	肥厚、軟亮、勻整、餘香高長
清香型一級鐵觀音	條索壯實、緊結，色澤綠油潤、砂綠明	金黃明亮	清醇甘鮮、音韻明顯	清香、持久	軟亮、尚勻整、有餘香
清香型二級鐵觀音	條索捲曲、結實，色澤綠油潤，有砂綠，稍有嫩梗	金黃	尚鮮醇爽口、音韻尚明	清香	尚軟亮、尚勻整、稍有餘香
清香型三級鐵觀音	條索捲曲、尚結實，色澤烏綠稍帶黃，稍有細嫩梗	金黃	醇和回甘、音韻稍輕	清純	尚軟亮、尚勻整、稍有餘香

就茶的品質來說，鐵觀音秋茶是一年之中最好的。選購鐵觀音秋茶時，可用以下方式加以鑑別：

看形

純種鐵觀音最顯著的特徵就是嫩芽呈紫紅色，葉底肥厚，基部稍鈍，葉尖端稍凹，稍向左歪，略向下垂。

察色

鐵觀音秋茶乾茶顏色鮮綠，有光澤。

觀葉底

正宗的秋鐵觀音葉底軟凹，而非正秋鐵觀音一般葉底硬挺粗糙。

聽聲

可根據茶葉投擲於瓷杯中的聲音辨別該茶是秋茶還是夏茶。一般來說，聲音清脆的為秋茶，聲音沉悶的為夏茶。

聞香

鐵觀音秋茶沖泡後有濃郁水果香和花香，夏茶則帶有腥味。

◎品質

生產安溪鐵觀音時，在採回的鮮葉新鮮完整之時便進行晾青、曬青和搖青。加工過程激活了茶葉內部酶的分解，使茶葉產生了一種特有的香氣。總的來說，安溪鐵觀音製作流程講究細緻，製作出的茶品質尤佳。

安溪鐵觀音有以下特點：

[外形] 捲曲重實　[色澤] 砂綠　[湯色] 豔似琥珀
[香氣] 天然馥郁的蘭花香　[滋味] 醇厚甘鮮　[葉底] 柔軟鮮亮

>>外形

>>湯色

>>葉底

◎儲存

1. 影響鐵觀音保存的因素

儲存鐵觀音時，需採用低溫和密封真空的方式儲存，這樣在短時間內可以保持鐵觀音的色、香、味。但是在實際保存的過程中，經常出現茶葉保存時間不長，色香味就均不及剛製成的茶葉的情況，其影響因素如下：

① 茶葉發酵程度的控制。有經驗的製茶人在製茶時，會充分考慮到市場流通和保存的問題，會通過控制發酵程度來保持茶葉的鮮香。通俗地講，大家都知道波形圖有波峰和波谷。在製茶時，如果發酵在接近波峰時就停止，就允許茶葉在保存的過程中進行後發酵，這樣的茶葉就可以保存較長時間；如果一開始就讓其發酵到波峰，那在保存的過程中就要注意抑制茶葉後發酵的形成條件，控制溫度，避免茶葉和空氣接觸。如果茶葉的發酵已經過了波峰，茶葉就難入上乘境界。

② 茶葉發酵後的烘乾程度。目前，茶葉製作技術在朝輕發酵的方向轉變。在輕發酵中，茶葉容易體現出蘭花香，茶湯也比較漂亮（呈現標準的「綠豆湯」）。如果想讓乾茶葉體現香氣，那麼生產過程中就不能將茶葉烘得太乾，要含一定的水分。針對這樣的茶葉，在後期保存時，一定需要注意低溫和密封保存，以降低水分在茶葉中的作用。如果茶葉烘得比較乾，用手摸一摸感覺很脆、很乾爽，這樣的茶葉在保存時對溫度的要求就比較低。

2. 鐵觀音的儲存方法

針對採用了真空壓縮包裝法、附有外罐包裝的小包裝鐵觀音，如果預計近期（20天之內）就會喝完，一般只需將茶葉放置在陰涼處，避光保存即可。如果想達到保存鐵觀音的最佳效果和最長時限的話，建議將其放置在-5℃的環境中保存，這樣可達到最佳效果。不過，如果想嘗到新鮮的鐵觀音的味道，保存時間不要超過一年，以半年內喝完為佳。

◎沖泡須知

鐵觀音屬於半發酵茶，宜採取工夫泡茶法來沖泡，只有採用工夫泡茶法，才能將鐵觀音的色、香、味充分地沖泡出來。

另外，沖泡鐵觀音時要用現開的沸水，這樣才能讓茶的品質很好地體現出來。第一泡的水為洗茶水，要倒掉或用於暖杯，不宜飲用。

◎沖泡步驟

1. 準備好茶具和茶葉，欣賞鐵觀音的外形和色澤。（圖1）
2. 用沸水燙洗茶具。（圖2）
3. 將茶荷中的鐵觀音倒入蓋碗。（圖3）
4. 將沸水沖入蓋碗。第一泡的水用來洗茶和燙杯。（圖4）
5. 再次加入沸水，靜待片刻，將茶湯倒入公道杯。（圖5）
6. 再將茶湯倒入品茗杯。（圖6）
7. 拿起碗蓋，放在鼻子下方聞香，然後品飲。（圖7）

◎品飲

鐵觀音狀似蜻蜓頭、螺旋體、青蛙腿，極具欣賞價值。其香氣馥郁高遠，為嗅覺一大享受；滋味甘爽醇厚，乃味覺一大福氣。

鳳凰單叢

◎佳茗簡介

鳳凰單叢屬於烏龍茶類，產於廣東省潮州市鳳凰山。該地區瀕臨東海，氣候溫暖，雨水充足，茶樹均生長在海拔1000米以上的山區。該地區終年雲霧彌漫，空氣濕潤，晝夜溫差大，年平均氣溫在20℃左右，年降水量在1800毫米左右，土壤肥沃，含有豐富的有機物質和多種微量元素，有利於茶樹的發育及形成茶多酚和芳香物質。當地現在尚存的3000餘株單叢大茶樹，樹齡均在百年以上，形狀奇特，品質優良，單株高大如榕，每株年產乾茶十餘千克。

單叢茶來源於鳳凰山中的優良單株茶樹，經培育、採摘、加工而製成。因成茶香氣、滋味的差異，當地習慣將單叢茶按香型分為黃枝香、芝蘭香、桃仁香、玉桂香、通天香等幾個品種。因此，單叢茶實行分株單採，當新茶芽萌發至小開面（即出現駐芽）時，即按一芽二葉或一芽三葉的標準，用騎馬採茶手法採下，輕放於茶籮內。採茶時需遵守日光強烈時不採、雨天不採、霧水茶不採的原則，一般在午後開採，當晚加工。製茶均在夜間進行，經曬青、晾青、碰青、殺青、揉捻、烘焙等工序，歷時10小時製出成品茶。

>>外形

>>湯色

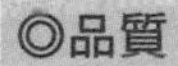

◎品質

[外形] 勻整挺直
[色澤] 褐綠色
[葉底] 綠葉紅鑲邊
[湯色] 清澈黃亮
[香氣] 高銳韻濃
[滋味] 潤喉回甘

◎沖泡步驟

取7～10克茶葉投入壺中，用沸水悶泡，45～60秒後就可出水品飲，這樣可以品到清純中帶醇厚的味道。

>>葉底

1.白鶴沐浴（洗杯）：用沸水洗淨茶具並提高茶具溫度。

2.烏龍入宮（落茶）：按鳳凰單叢與水1：20的比例放茶。

3.懸壺高沖（沖茶）：當開水初沸，提起水壺，將水沖入蓋碗，使茶葉轉動、露香。

4.春風拂面（刮沫）：用碗蓋輕輕刮去漂浮的泡沫，再用沸水沖洗碗蓋。

5.關公巡城（倒茶）：泡1分鐘左右後，把茶水依次巡迴注入各茶杯。

6.品啜甘霖（品茶）：先嗅其香，後嘗其味，邊啜邊嗅，淺杯細酌。

閩北水仙

>>外形

◎佳茗簡介

閩北水仙是烏龍茶類中的佳品，原產於百餘年前閩北建陽縣（現建陽區）水吉鄉大湖村一帶，現主產區為建甌、建陽兩地。該地群山起伏，雲霧繚繞，溪流縱橫，竹木蒼翠；年均氣溫為19.9℃，年降水量在1600毫米以上，相對濕度為80%左右；土地肥沃，土層深厚疏鬆，有機質含量高，富含磷、鈣、鎂等礦物質，酸鹼度適宜。此處所植的水仙茶樹為無性系良種，屬中葉種小喬木型，主幹明顯，枝條粗壯，呈橢圓形；葉肉厚，表面革質有油光；嫩梢長而肥壯，芽葉透黃綠色。閩北水仙是閩北烏龍茶中兩個花色品種之一，品質別具一格。武夷山茶區有「醇不過水仙，香不過肉桂」的說法。水仙茶的醇，體現在滋味的甘、鮮、滑爽，且留味長久。

關於閩北水仙的得名有一段傳說。清朝康熙年間，一個福建人發現一座寺廟旁邊有一棵大茶樹，這棵大茶樹因為受到該寺廟土壁的擠壓而分出幾根扭曲變形的樹幹。那人覺得樹幹虯曲有趣，便挖出來帶回家種植，他巧妙地利用樹的變形，培育出了清香的好茶。閩南話的「水」就是美，因此從美麗的仙山採得的茶，便稱為「水仙」，這令人聯想到早春開放的水仙花。

>>湯色

閩北水仙春茶於每年穀雨前後採摘。採摘駐芽第三、四葉，經萎凋、做青、殺青、揉捻、初焙、包揉、足火等工序製成毛茶。由於水仙葉肉肥厚，做青需根據葉厚水多的特點以「輕搖薄攤，搖做結合」的方法靈活操作。包揉工序為做好水仙茶外形的重要工序，包揉過程中，將葉片揉至適度，最後以文火烘焙至足乾。

◎品質

[外形] 緊結沉重，葉端扭曲
[色澤] 油潤暗綠
[葉底] 厚軟黃亮
[湯色] 清澈橙黃
[香氣] 濃郁，有蘭花香
[滋味] 醇厚，回味甘爽

>>葉底

凍頂烏龍

◎佳茗簡介

>>外形

凍頂烏龍茶產於臺灣南投縣鳳凰山支脈凍頂山一帶。傳說因雨多、山高路滑，當地茶農必須繃緊腳尖（當地俗話稱為「凍腳尖」）才能上山頂，故稱此山為「凍頂山」。凍頂山上栽種了多種茶樹良種，因山高林密土質好，茶樹生長茂盛。茶樹的主要種植區鹿谷鄉，年均氣溫22℃，年降水量2200毫米，空氣濕度較大，終年雲霧籠罩。茶園土壤屬棕色高黏性土壤，排水、儲水條件良好。

凍頂烏龍茶是臺灣包種茶的一種。包種茶的名字源於福建安溪，當地茶店售茶時均用兩張方形毛邊紙盛放茶葉，內外相襯，將茶葉包成長方形茶包，包外蓋有茶行的商標，然後按包出售，稱為「包種」。臺灣包種茶屬輕度或中度發酵茶，亦稱清香烏龍茶。包種茶按外形不同可分為兩類：一類是條形包種茶，以文山包種茶為代表；另一類是半球形包種茶，以凍頂烏龍茶為代表，素有「北文山、南凍頂」之美譽。

>>湯色

凍頂烏龍茶一年四季均可採摘，一年可採4～5次。採摘時，均採摘未開展的一芽二葉或一芽三葉嫩梢。採摘的最佳時間為每天上午10時至下午2時，採後立即送至工廠加工。其製作過程分初製與精製兩大工序，初製中以做青為主要程序。做青時，將採下的茶菁在陽光下曝曬20～30分鐘，使茶菁軟化，水分適度蒸發，以利於揉捻時保護茶芽完整。萎凋時應經常翻動，使茶菁充分吸氧發酵，待發酵到產生清香味時，即進行高溫殺青，然後進行整形，使茶條定型成半球狀，再將粗茶條、細茶條、片狀茶條完全分開，分別送入烘焙機高溫烘焙，以減少茶葉中咖啡因的含量。

凍頂烏龍滋味醇厚甘潤，散發桂花清香，後韻回甘味強，飲後杯底不留殘渣。茶的品質以春茶最好，秋茶次之，夏茶品質較差。

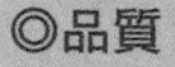

◎品質

>>葉底

[外形] 半球形，彎曲狀
[色澤] 墨綠，邊緣隱隱顯金黃色
[葉底] 肥厚有彈性
[湯色] 金黃帶綠
[香氣] 熟果香或濃花香
[滋味] 醇厚甘甜

鐵羅漢

◎佳茗簡介

鐵羅漢產於閩北「秀甲東南」的名山武夷山，其茶樹生長在岩縫之中。鐵羅漢樹為千年古樹，稀世之珍，現陡峭絕壁上僅存4株。它們由岩縫滲出的泉水滋潤，不施肥料，生長茂盛，樹齡已達千年。鐵羅漢樹為灌木型，樹冠半展開，分支較密集，葉梢向上斜生，葉近橢圓形，葉端略下垂，葉緣微向面翻，葉色泛深綠色光澤，嫩芽略壯顯亮、深綠帶紫。

在中國，鐵羅漢的生產歷史悠久，唐代已開始採製鐵羅漢葉，宋代將其列為貢品，元代在武夷山九曲溪之畔設立御鐵羅漢園，專門採製貢鐵羅漢，明末清初創製了烏龍鐵羅漢。

鐵羅漢茶採製技術精細，每年春天，採摘3～4葉開面新梢，經曬青、晾青、做青、炒青、初揉、複炒、複揉、走水焙、簸揀、攤涼、揀剔、複焙、再簸揀、補火而製成。

鐵羅漢品質最突出之處是香氣馥郁，有蘭花香，香高持久，且很耐沖泡，沖泡七八次仍有香味。品飲鐵羅漢時，必須按工夫茶小壺小杯的方式細品慢飲，因為鐵羅漢多飲易「醉」，用小杯飲也更容易感受到鐵羅漢的韻味。

◎品質

[外形] 壯結勻整
[色澤] 綠褐鮮潤
[葉底] 軟亮
[湯色] 清澈豔麗
[香氣] 馥郁持久
[滋味] 甘馨可口

>>外形

>>湯色

>>葉底

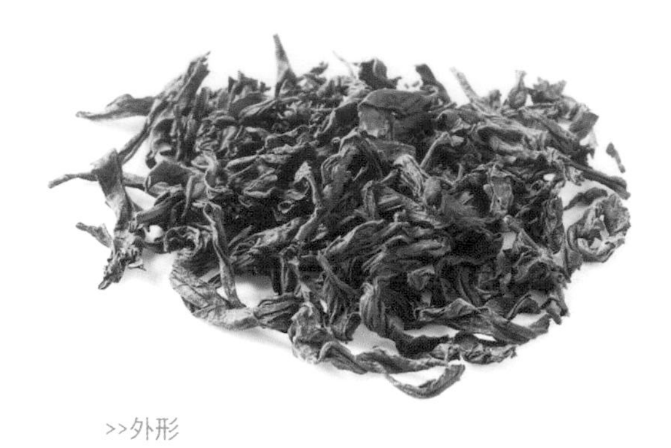
>>外形

>>湯色

>>葉底

水金龜

◎佳茗簡介

水金龜是武夷岩茶四大名叢之一，產於武夷山區牛欄坑杜葛寨峰下的半崖上。其樹皮色灰白，枝條略有彎曲，葉呈長圓形、翠綠色，有光澤，因茶葉濃密且閃光模樣宛如金色之龜而得此名。每年五月中旬採摘，以一芽二葉或一芽三葉為主，成品茶色澤綠裡透紅，滋味甘甜，香氣高揚。它既有鐵觀音之甘醇，又有綠茶之清香，具鮮活、甘醇、清雅、芳香等特色，是茶中珍品。

水金龜揚名於清末，據說該茶樹原長於天心岩杜葛寨下，屬天心寺所有。一日大雨傾盆，致使茶園邊岸崩塌，茶樹被大水沖至牛欄坑半岩石凹處。蘭谷山村民遂於該處鑿石設階，砌築石圍，壅土以蓄之。後來天心寺寺僧和蘭谷山村民為爭此茶，訴訟多次，耗資千金，從此水金龜聲名大振。

◎品質

[外形] 條索肥壯，自然鬆散

[色澤] 綠裡透紅，呈寶色（指色澤油潤，帶有鮮活的光澤感）

[葉底] 軟亮

[湯色] 金黃

[香氣] 清新幽遠

[滋味] 甘醇濃厚

◎沖泡步驟

沖泡水金龜時，可選用蓋碗或紫砂壺。取適量茶葉，用100℃的沸水沖泡。第一泡的水為洗茶水，不飲用，直接倒掉。而後幾泡時間隨個人口味而定，一般45～60秒就可以出水品飲，以後可每泡延後20秒左右，就可感受茶湯的甘醇。

本山茶

◎佳茗簡介

本山茶，原產於安溪西坪堯陽。據1937年莊燦彰撰《安溪茶業調查》稱：「此種茶發現於60年前，發現者名圓醒，今號其種曰圓醒種，另名本山種。」本山茶香高味醇，品質好的與鐵觀音相似。

本山茶條梗鮮亮，較細瘦，如「竹子節」，尾部稍尖；色澤鮮潤，茶湯呈橙黃色；葉底黃綠；葉張尖薄，呈長圓形，葉面有隆起，主脈明顯；香似鐵觀音。

本山植株為灌木型，中葉類，中芽種。其樹勢開張，枝條斜生，分枝細密；葉形橢圓，葉薄質脆，葉面稍內捲，葉緣波浪明顯，葉齒大小不勻；芽密且梗細長，花果頗多。本山茶一年生長期在8個月左右。

本山茶與鐵觀音為「近親」，但長勢與適應性均比鐵觀音強，所以價格比較便宜，對於愛喝鐵觀音的朋友們來說，本山茶是鐵觀音的最佳替代品。本山製烏龍茶品質優良，製紅茶、綠茶品質中等。

>>外形

◎品質

[外形] 緊結
[色澤] 綠裡透紅
[葉底] 軟亮
[湯色] 金黃
[香氣] 清細幽遠，似鐵觀音
[滋味] 甘醇濃厚

>>湯色

◎沖泡步驟

取200毫升的玻璃杯，先用沸水燙洗玻璃杯，再取5克本山茶用沸水沖泡，1分鐘後就可飲用。

>>葉底

>>外形

>>湯色

>>葉底

武夷肉桂

◎佳茗簡介

武夷肉桂又稱玉桂，因香氣似桂皮香而得名。

肉桂茶從被發明到現在已有100多年的歷史。該茶以肉桂良種茶樹鮮葉作原料，用武夷岩茶的製作方法加工而成。肉桂除了具有岩茶的滋味特色外，更因其香氣辛銳持久的品質備受人們的喜愛。肉桂佳者帶乳味，香氣久泡猶存，沖泡六七次仍有「岩韻」。

武夷肉桂茶有防癌、抗衰老、提高免疫力的功效。在福建農林大學提交的研究報告中，武夷肉桂茶被譽為「健康之寶」，國際茶界評價武夷肉桂茶是「萬物之甘露，神奇之藥物」。福建中醫學院盛國榮教授說：「武夷茶，溫而不寒，久藏不變質，味厚，不苦不澀，香勝白蘭，芬芳馥郁，提神消食，下氣解酒，性溫不傷胃。」

◎品質

[外形] 緊結捲曲
[色澤] 褐綠
[葉底] 黃亮，油潤有光
[湯色] 橙黃清澈
[香氣] 桂皮香，佳者帶乳味
[滋味] 醇厚回甘，齒頰留香

◎沖泡須知

沖泡時，選用蓋碗或紫砂壺，投茶量為茶壺容量的1/2左右。最好使用礦泉水或山泉水，水溫以現開現泡為宜。頭三泡浸泡時間為20秒左右，以後每泡可增加10～20秒。

黃金桂

◎佳茗簡介

>>外形

黃金桂原產於安溪虎邱美莊村，是烏龍茶中風格有別於鐵觀音的又一極品。黃金桂是用黃旦的嫩梢製成的烏龍茶，因其湯為金黃色又有奇香似桂花香，故名黃金桂。

黃旦植株為小喬木型，中葉類，早芽種。樹勢較高，樹冠直立或半展開，枝條密集，分枝部位高，節間短。葉為橢圓形，葉片薄，發芽率高，芽頭密，嫩芽黃綠，毫少。

此茶在現有的烏龍茶品種中是發芽最早的一種，製成的烏龍茶香氣特別高，再加上採製早，所以在產區被稱為「清明茶」「透天香」。黃金桂萌芽、採製、上市早，條索細長勻稱，色澤黃綠光亮，香高味醇，因而素有「未嘗清甘味，先聞透天香」之稱。

◎品質

>>湯色

[外形] 條索緊細
[色澤] 色澤潤亮，綠裡透紅
[葉底] 軟亮，中央黃綠，邊朱紅
[湯色] 呈金黃、明黃色
[香氣] 香高幽遠，帶桂花香
[滋味] 甘醇濃厚

◎沖泡須知

沖泡時，根據茶葉的形狀決定投放量。如果外形緊結，則投放量需占茶壺容量的1/3～1/4；若較鬆散，則需占壺容量的一半。由於黃金桂中的某些芳香物質一定要在高溫的條件下才能滲出，因此一定要用沸水沖泡。

>>葉底

永春佛手

永春佛手的正宗產地位於福建省泉州市的永春縣。永春縣茶葉生產歷史悠久，是全國三大烏龍茶出口基地縣之一。此地盛產的永春佛手、水仙、鐵觀音均是烏龍茶中的極品，尤其是永春佛手，更是獨具地方特色的中國名茶。

永春佛手又名香櫞、雪梨，因其形似佛手，名貴勝金，又稱「金佛手」。

永春佛手茶樹屬大葉種灌木型，因其樹勢開展，葉形酷似佛手柑，因此得名「佛手」。佛手茶樹品種有紅芽佛手與綠芽佛手兩種（以春芽顏色區分），以紅芽為佳。茶樹樹冠高大，鮮葉大如掌，呈橢圓形，尖端較鈍，主脈彎曲。葉面扭曲不平，葉肉肥厚，質地柔軟，葉色黃綠有油光，葉緣鋸齒稀疏。此茶外形緊結肥壯，色澤砂綠烏潤，葉底黃綠明亮，湯色金黃透亮，香氣馥郁幽芳，滋味甘爽。

白毫烏龍

白毫烏龍產自臺灣新竹縣、苗栗縣，有「最高級烏龍茶」之稱，又名「膨風茶」「風茶」。

白毫烏龍茶最特別的地方在於，茶菁必須讓小綠葉蟬（又稱浮塵子）叮咬吸食，昆蟲的唾液與茶葉中的酶混合可以產生特別的香氣。茶的好壞取決於小綠葉蟬的叮咬程度，這也是此茶具有醇厚果香蜜味的來源。因為要讓小綠葉蟬生長良好，所以在此茶生長過程中絕不能使用農藥。

白毫烏龍的特點為茶芽肥大，白毫明顯，紅、白、黃、綠、褐相間，茶湯為琥珀色，帶有天然的果香與蜂蜜香，品嘗起來滋味軟甜甘潤，少有澀味。

白毫烏龍茶冷飲、熱飲皆宜，待茶湯稍冷時，滴入一點白蘭地等濃厚的好酒，可使茶味更加濃醇，因此白毫烏龍又被譽為「香檳烏龍」。百餘年前，白毫烏龍銷至英國皇室，維多利亞女王有感茶葉舒展後形貌的雅麗，將此茶命名為「東方美人」。

毛蟹茶

毛蟹茶條緊結，梗圓、頭大、尾尖，芽葉嫩，多白色茸毛，色澤呈褐黃綠色，茶湯呈青黃或金黃色。其葉底圓小，中部寬，頭尾尖，鋸齒深、密、銳，而且向下鉤，葉稍薄，主脈稍浮現。其味清純略厚，香清高，略帶茉莉花香。

毛蟹植株為灌木型，屬中葉類，中芽種。樹勢半開展，分枝稠密；葉形橢圓，前端凸尖，葉片平展；葉色深綠，葉厚質脆，鋸齒銳利；芽梢肥壯，莖粗節短，葉背白色茸毛多，開花尚多，但基本不結實。毛蟹一年生長期有8個月，育芽能力強，但持嫩性較差，發芽密而齊，採摘批次較多。其樹冠形成迅速，成園較快，適應性廣，抗逆性強，易於栽培，產量較高。

泡毛蟹茶時，茶具可用蓋碗或紫砂壺，取乾茶7克左右，用100℃的沸水沖泡。第一泡的目的是洗茶，加水後立即將水倒掉。之後幾泡時間隨個人口味而定，一般能沖泡七八次以上，其中以第二至四泡香氣最佳。

文山包種

文山包種茶盛產於臺灣的臺北和桃園等地，又名「清茶」，是臺灣烏龍茶中發酵程度最輕的清香型綠色烏龍茶。文山包種茶以臺北文山區所產製的品質最優，香氣最佳，所以習慣上稱之為「文山包種茶」。文山包種茶和凍頂烏龍茶一樣，都是臺灣的特產，享有「北文山，南凍頂」之美譽。

文山包種茶的典型特徵是：條索緊結、自然捲曲，色澤墨綠有油光；葉底鮮綠完整；湯色蜜綠鮮豔；香氣清揚，帶有明顯的蘭花香；滋味甘醇。

文山包種茶具有「香、濃、醇、韻、美」五大特色，素有「露凝香」「露凝春」的美譽，為茶中珍品。

鳳凰水仙

鳳凰水仙原產於廣東省鳳凰山區。傳說南宋末代皇帝南下潮汕，途經鳳凰山區烏際山時，口甚渴，於是侍從們採下一種葉尖似鳥嘴的樹葉加以烹製。皇帝飲後頓覺生津止渴，口舌生香。從此此樹廣為栽植，稱為「宋種」，迄今已有900餘年歷史。現在尚存有一些300～400年樹齡的老茶樹，被稱為宋種後代，最大一株名「大葉香」，樹高5～8米，寬約7米，莖粗約35釐米，有5個分枝。鳳凰水仙享有「形美、色翠、香郁、味甘」之譽。鳳凰水仙茶條肥大，色澤呈鱔魚皮色，油潤有光。此茶十分耐泡，其茶湯橙黃清澈，味醇爽口，香味持久。

白茶

白茶為福建特產，主要產區在福鼎、政和、松溪、建陽等地，是六大茶類之一。製作白茶屬於輕微發酵茶，是中國茶類中的特殊珍品。製白茶的基本工藝包括萎凋、烘焙（或陰乾）、揀剔、複火等，萎凋是形成白茶品質的關鍵工序。

白茶具有芽毫完整、滿身披毫、毫香清鮮、湯色黃綠清澈、滋味清淡回甘的特點。因其成品茶多為芽頭，滿披白毫，如銀似雪而得名。

白茶的生產已有200年左右的歷史，它誕生於福鼎，因此又稱為福鼎白茶。福鼎有一種品種優良的茶樹，茶芽上披滿白茸毛，是製茶的上好原料。人們採摘細嫩、葉背多白茸毛的芽葉，加工時不炒不揉，而是曬乾或用文火烘乾，使白茸毛在茶的外表完整地保留下來，這就是它呈白色的緣故。白茶製作工藝流程如下：

採摘

根據氣溫條件，採摘玉白色一芽一葉的初展鮮葉，做到早採、嫩採、勤採、淨採。芽葉成朵，大小均勻，留柄要短。輕採輕放，用竹簍盛裝，用竹筐貯運。

萎凋

將採下的鮮葉薄薄地攤放在竹席上，置於微弱的陽光下，或置於通風、透光效果好的室內讓其自然萎凋。攤放的目的，一是散發青氣、水分，二是提高茶葉品質，三是便於炒製。攤放時間要適中，一般以手抓感到柔軟為宜。

烘乾

初烘：烘乾機溫度為100～120℃，時間為10分鐘，烘乾後攤放15分鐘。

複烘：開始溫度為80～90℃，然後降至70℃左右長烘。

保存

茶葉所含水分應控制在5％以內，放入溫度為1～5℃的冷庫。從冷庫取出的茶葉應在三小時後打開，再進行包裝。

白茶性涼，具有退熱降火的功效。白茶的主要品種有銀針、白牡丹、貢眉等。尤其是白毫銀針，全身披滿白色茸毛，形狀挺直如針。白茶湯色淺黃，鮮醇爽口，人飲後回味無窮。

白毫銀針

◎佳茗簡介

白毫銀針簡稱銀針，又叫白毫，素有「茶中美女」「茶王」之美稱。白毫銀針的製作原料全部是茶芽，製成成品茶後，其形狀似針，色白如銀，因此被稱為白毫銀針。

白毫銀針主要產自福建的福鼎、政和兩地。福鼎所產的茶芽茸毛厚，色白而富有光澤，湯色呈淺杏黃色，味清鮮爽口；政和所產的茶湯味醇厚，香氣清芳。

白毫銀針的採摘十分細緻，要求極其嚴格，規定雨天不採，露水未乾不採，細瘦芽不採，紫色芽頭不採，風傷芽不採，人為損傷芽不採，蟲傷芽不採，開心芽不採，空心芽不採，病態芽不採，號稱「十不採」。在採摘過程中，只採肥壯的單芽頭，如果採回一芽一葉或一芽二葉的新梢，則只摘取芽心，俗稱抽針。對製白毫銀針的茶樹，每年秋冬要加強肥培管理以培育壯芽，翌年採製以春茶頭一、二輪的頂芽品質最佳，到三、四輪後多系側芽，較瘦小。第一輪春芽特別肥壯，是製造優質白毫銀針的理想原料。夏秋茶茶芽瘦小，不符合白毫銀針原料的要求，一般不採製。採下的茶芽，要求及時送回廠加工。白毫銀針的製作工藝簡單，製作過程中，不炒不揉，茶芽經過萎凋和乾燥，自然緩慢地發生變化，形成白茶特殊的品質風格。

>>外形

>>湯色

>>葉底

◎品質

[外形] 挺直如針
[色澤] 色白如銀
[葉底] 黃綠柔潤
[湯色] 淺杏黃色
[香氣] 清香芬芳
[滋味] 清鮮爽口

◎沖泡步驟

白毫銀針多採用蓋碗法沖泡，沖泡時水溫以80℃左右為好，具體沖泡步驟如下：

1. 賞茶：用茶匙取出白茶少許，置於茶荷中，欣賞乾茶的形與色。(圖1)

2. 燙杯：將沸水沖入蓋碗，再將蓋碗內的水倒入品茗杯，然後倒入茶杯，最後將水倒掉。(圖2～3)

3. 置茶：將茶荷中的茶投入蓋碗。(圖4)

4. 泡茶：用高沖法，沿同一方向沖入80℃的水100～120毫升，然後將茶湯倒入公道杯。第一泡茶通常不喝，用來溫杯。可將溫杯後的茶湯澆在茶寵身上，用來養茶寵。(圖5～9)

5. 第二泡：沖泡方法同第一泡，等3～5分鐘，至湯色發黃時，即可飲用。(圖10～11)

6. 品飲：端杯聞香和品嘗。(圖12)

1

2

3

白牡丹

福建省福鼎、政和一帶盛產白牡丹。白牡丹的外形特點是兩葉抱一芽，葉子隆起呈波紋狀，邊緣後垂微卷，葉子背面佈滿白色茸毛。沖泡後，碧綠的葉子襯托著嫩嫩的芽，形狀優美，好似牡丹蓓蕾初放，十分恬淡高雅。

白牡丹的製作工序只有萎凋及焙乾兩步，但工藝不易掌握。萎凋以室內自然萎凋的品質為佳。製茶時，採下芽葉，均勻薄攤於水篩（一種竹篩）上，以不重疊為度，萎凋失水至七成乾時兩篩並為一篩，至八成半乾時再兩篩並為一篩，萎凋至九成半乾時下篩，置烘籠中以90～100℃的溫度焙乾，即製成毛茶。烘焙火候要適當，過高則香味欠鮮爽，不足則香味平淡。白牡丹外形肥嫩筆直，色澤翠綠有茸毛，葉底肥嫩勻整，湯色明亮，香氣高長清爽，滋味清甜醇爽。

沖泡時，將3～5克白牡丹投入茶杯中，水溫控制在70～85℃左右，注水至三分滿後，輕輕搖晃茶杯以潤茶，然後高沖至八分滿。靜置2～3分鐘，待茶湯稍冷卻後即可享用。在茶水餘下約1/3時再次注水，效果更佳。

貢眉

貢眉又被稱為壽眉，是用菜茶樹的芽葉製成的。這種用菜茶樹芽葉製成的毛茶稱為「小白」，以區別於用福鼎大白茶、政和大白茶茶樹芽葉製成的「大白」毛茶。它是白茶中產量最多的品種。貢眉採摘標準為一芽二葉或一芽三葉，要求含有嫩芽、壯芽。初製、精製工藝與白牡丹的基本相同，所含物和保健功效也與白牡丹相差無幾，但品質比白牡丹差。

優質貢眉沖泡後，葉底勻整軟嫩，色灰綠勻亮，香氣濃醇。我們可以通過觀察茶湯顏色判斷是新茶還是陳茶。如果沖泡出來的茶湯呈翠綠色，說明是新茶；若呈金褐色，還有中藥味，則說明是陳茶。

沖泡時，宜用蓋碗或紫砂壺沖泡，取茶葉5～7克，水溫為70～85℃。用熱水快速潤一遍茶，喚醒茶味，然後沖泡，第一泡時間在2分鐘左右，而後時間可適當延長。先聞香，後嘗味。泡好的貢眉茶香濃醇，茶味醇厚、濃爽，令人回味無窮。沖泡4～5次後，香味依然，回甘依舊。

黃茶

黃茶是人們在製炒青綠茶的過程中發明的。製作炒青綠茶時，由於殺青、揉捻後乾燥不足或不及時，葉色會變黃，這樣製成的茶就是黃茶。黃茶的品質特點是「黃葉黃湯」。黃茶分為黃芽茶、黃小茶和黃大茶三類。

黃茶的加工方法近似於綠茶，其製作過程為：採鮮葉－殺青－揉捻－悶黃－乾燥。黃茶按照原料芽葉的嫩度和大小可分為黃芽茶、黃小茶和黃大茶三類。黃芽茶的原料是細嫩的單芽或一芽一葉，主要包括君山銀針、蒙頂黃芽等。黃小茶的原料是細嫩芽葉，主要包括偽山毛尖、溫州黃湯等。黃大茶的原料是一芽二葉至一芽五葉，主要包括廣州大葉青等。

黃茶的殺青、揉捻、乾燥等工序均與綠茶製法相似。製黃茶時最重要的工序是悶黃，這是形成黃茶特點的關鍵。其主要做法是將經過殺青和揉捻的茶葉用紙包好，或堆積起來蓋上濕布，時間從幾十分鐘到幾個小時不等，促使茶坯在水熱作用下進行非酶性的自動氧化，從而產生一些有色物質。變色程度較輕的是黃茶，程度重的則是黑茶。

黃茶因品種和加工技術不同，形狀有明顯差別。如君山銀針以形似針、芽頭肥壯、白毫多者為好，以芽瘦扁、白毫少者為次。蒙頂黃芽以條索扁直、芽壯多毫者為好，以條索彎曲、芽瘦小者為差。鹿苑茶以條索緊結、捲曲呈環形、顯毫者為好，以條索鬆直、不顯毫的為差。黃大茶以葉肥厚成條、梗長壯、梗葉相連者為好，以葉呈片狀、梗細短、梗葉分離或梗斷葉破者為差。

黃茶的色澤以金黃鮮潤為優，以枯暗為差；香氣以火功足、有鍋巴香為優，以火功不足為次；湯色以黃湯明亮為優，以黃暗或黃濁為次；滋味以醇和鮮爽、回甘、收斂性弱為優，以苦、澀、淡、悶為次；葉底以芽葉肥壯、勻整、鮮亮為優，以芽葉瘦、薄、暗為次。

君山銀針

◎佳茗簡介

君山銀針產於湖南省岳陽市洞庭湖的君山，因為形狀似針，所以叫君山銀針。又因為它芽頭壯碩，大小、長短均勻，茶芽的內側為金黃色，外層白毫顯露，被稱為「金鑲玉」。《巴陵縣誌》中記載：「知縣邀山僧採製一旗一槍，白毛茸然，俗呼白毛茶。」因此在民間，君山銀針也被叫作白毛茶。

《唐國史補》中記載：「風俗貴茶，茶之名品益眾。劍南有蒙頂石花，或小方，或散芽，號為第一……湖南有衡山，岳州有浥湖之含膏。」說的就是在唐代，湖南洞庭湖的君山就已經開始產茶。據說文成公主遠嫁松贊干布時，嫁妝中就有君山銀針。

宋朝，茶葉生產進一步發展，朝廷還在各地建立了專門的貢茶院，研究製茶工藝，評比茶葉質量。君山銀針在此時成為皇家必備佳茗。馬端臨在《文獻通考》中寫道：「獨行靈草、綠芽、片金、金茗，出潭州；大小巴陵、開勝、開卷、小卷生、黃翎毛，出岳州。」「黃翎毛」指的就是如今的君山銀針。

到清朝的時候，君山茶分為「尖茶」和「茸茶」兩種。其中尖茶品質更好，被列為貢茶。《巴陵縣誌》中記載：「君山產茶，嫩綠似蓮心。」「君山貢茶自清始，每歲貢十八斤。」清代萬年淳有詩雲：「試把雀泉烹雀舌，烹來長似君山色。」可見他對君山銀針評價很高。

1956年，君山銀針在萊比錫國際博覽會上，因為質量優良、歷史悠久，贏得了金質獎章。在20世紀50年代，君山銀針被茶葉界公認為「中國十大名茶」之一。

君山銀針歷史悠久，在每一個歷史時期都有著自己獨特的重要地位。君山銀針的品質是得到了歷史認證的，是中國的驕傲，也是世界茶業界的珍品。

>>君山銀針茶芽

◎產地分布與自然環境

君山銀針產於煙波浩渺、風光秀麗的岳陽洞庭湖的君山島（也叫青螺島）。此島自古就有「洞庭帝子春長恨，二千年來草更長」的讚譽。君山島面積不到一平方千米，但是因為四面環水，終年雲霧繚繞，空氣濕潤，土壤深厚肥沃，十分適宜茶樹的生長，所以也被稱為「洞庭茶島」。

君山島屬於洞庭湖沖積平原地貌，島上風景秀麗，空氣新鮮，是避暑勝地。獨特的小氣候對君山銀針的生長起到了十分重要的作用。

地理特點　君山島四面環水，無高山深谷，地勢西南高東北低，平均海拔55米。

氣溫　年平均溫度16～17℃。

光照　年均日照時長為1740小時。

植被　以竹類和茶樹居多，如羅漢竹、斑竹、方竹、實心竹、紫竹、龍竹、連理竹等。

氣候特點　該地屬亞熱帶季風氣候，冬季較暖和，四季溫差小，早晚溫差大，風速慢，濕度大，雲霧多。

水量　年平均降水量在1340毫米左右，年均相對濕度約80%。

土壤　土壤多為紅壤、黃壤及其變種，pH值在4.0～6.5之間。土質肥沃深厚、疏鬆，吸熱能力強，表層水分蒸發快。

◎選購

現在君山銀針有多個品牌，其中最為有名的為「君山」牌君山銀針。君山牌君山銀針在2006年經中國國家商務部、外交部批准，被指定為贈送給俄羅斯總統普丁的國禮茶。2008年，君山銀針入選「奧運五環茶」。2009年，「君山」商標被中國國家工商總局認定為「中國馳名商標」。2010年，「君山」品牌獲評「『金芽獎』中國黃茶標誌性品牌」。

按照製作工藝的不同，君山銀針可以分為黃茶型銀針和綠茶型銀針兩種。兩種茶各有千秋，黃茶型銀針為正統的君山銀針，是按照傳統工藝製作成的。綠茶型銀針是按照綠茶的加工工藝製作而成的，口感比黃茶型銀針重，價位也比其貴，被稱為「綠茶王」。

根據外形和內質，君山銀針被分為極品、特級、一級三個品級。

等級	外形	色澤	湯色	香氣	滋味
極品	茶葉直挺壯實、勻整	金黃光亮	杏黃明亮	有清香	甜醇
特級	茶葉緊直、較勻稱	金黃	杏黃明亮	有清香	甜醇
一級	茶葉細緊、略彎，略有斷碎	暗黃	杏黃較亮	香氣純正	醇和

君山銀針首輪春芽每年只能在清明前後七到十天採摘，而且規定有「九不採」：雨天不採，風霜天不採，開口不採，發紫不採，空心不採，彎曲不採，蟲傷不採，瘦弱芽不採，過長過短芽不採。君山銀針風格獨特，且每年產量很少，因此每年剛上市時，價格都比較高。

◎品質

君山銀針芽頭肥壯，大小、長短均勻，內裡為黃色，外表白毫顯露。沖泡3～5分鐘，待茶芽完全吸水後，芽尖朝上，芽蒂朝下，上下浮動，三起三落，最後豎立於杯底。沖泡之後的茶葉如同黃色的羽毛，也被稱為「黃翎毛」。觀其形，賞其狀，再品其味，入口清香沁人。君山銀針制作工藝要求極高，所以成品也極其珍貴。在選購時，一定要仔細辨別，以免買到假冒偽劣產品。

君山銀針有以下特點：

[外形] 芽頭肥壯，緊實挺直，滿披白毫
[色澤] 金黃光亮
[湯色] 橙黃明淨
[香氣] 清純
[滋味] 甜爽
[葉底] 嫩黃勻亮

>>外形

>>湯色

>>葉底

◎儲存

君山銀針可以採用石膏保存法保存。石膏具有很好的防潮作用，所以在保存茶葉的時候一般都可以用石膏。保存君山銀針時應怎麼利用石膏呢？這個可是有講究的。

使用時，先將石膏搗碎，均勻地鋪撒在箱子底部，再鋪上兩層皮紙。把茶葉用皮紙分裝成獨立的小包，然後放在皮紙上，再把箱子蓋好。記住，石膏一定要經常換才能保證茶葉不變質。

◎沖泡須知

君山銀針屬於黃茶，沖泡時適宜用玻璃杯或白瓷蓋碗。如果是用玻璃杯沖泡然後直接飲用，為避免茶湯滋味苦澀，要適當減少投茶量，這樣可以降低茶湯的濃度。另外，茶湯沖泡好後儘快出湯飲用也可以避免茶湯苦澀。

◎沖泡步驟

1.用沸水預熱茶杯，清潔茶具，並擦乾杯子，以避免茶芽吸水後不易豎立。(圖1)

2.用茶匙輕輕從茶罐中取出君山銀針約3克，放入茶杯待泡。(圖2～3)

3.用水壺將涼至70～85℃的開水先快後慢地沖入盛茶的杯子中，水量為茶杯的一半，使茶芽濕透。(圖4)

4.稍候，再加水至八分滿。(圖5)

5.觀察茶葉從頂部慢慢沉下去的姿態。約5分鐘後，即可品飲。

◎品飲

君山銀針芳香清純、滋味甘爽，飲後唇齒留香。唐先哲在《題君山銀針茶》中寫道：「春水一灣撲鼻香，綠華方寸舞霓裳。怡神爽口先無我，心不沉兮勝老莊。」這首詩可謂把君山銀針的美妙滋味形容到了極致。

蒙頂黃芽

◎佳茗簡介

蒙頂黃芽產自四川蒙頂山，是中國歷史上有名的貢茶之一。蒙頂山區氣候溫和，年平均溫度為14～15℃，年平均降水量在2000毫米左右，陰雨天較多，年日照時數僅1000小時左右，一年中霧日多達280～300天。雨多、霧多、雲多是蒙頂山的特點。

蒙頂黃芽也有「黃葉黃湯」的品質特徵，其採摘標準很嚴格，一般於春分採摘，通常選圓肥單芽和一芽一葉初展的芽頭，經複雜的工藝製作而成。成茶芽條勻整，扁平挺直，芽葉細嫩，金毫顯露，色澤嫩黃油潤，湯色黃中透碧。蒙頂黃芽以湯色嫩黃清澈、潤澤明亮為優，以湯色渾濁暗淡為次。蒙頂黃芽有一種獨特的甜香，芬芳濃郁，口感爽滑，滋味醇和。

◎品質

[外形] 外形勻整，扁平挺直
[色澤] 色澤黃潤，金毫顯露
[葉底] 嫩黃
[湯色] 黃中透碧，清澈明亮
[香氣] 甜香濃郁
[滋味] 甘醇鮮爽

>>外形

>>湯色

>>葉底

霍山黃芽

霍山黃芽主要產於安徽省霍山縣，其中以大化坪的金雞山、金山頭，太陽鄉的金竹坪，姚家畈的烏米尖，即「三金一烏」所產的霍山黃芽品質最佳。霍山地處大別山腹地，古屬淮南道壽州盛唐縣，霍山黃芽產區位於大別山北麓，地處縣境西南的深山區，可謂「山中山」。這一帶峰巒綿延，重岩疊幛，山高林密，泉多溪長，三河（太陽河、漫水河、石羊河）蜿蜒，一水（佛子嶺水庫）浩渺，年平均溫度為15℃，年平均降水量約1400毫升，生態環境優越。

霍山黃芽鮮葉細嫩，因山高地寒，開採期一般在穀雨前3～5天，採摘標準為一芽一葉或一芽二葉初展。霍山黃芽要求鮮葉新鮮度好，採回的鮮葉應薄攤，使其散失表面水分，一般上午採下午製，下午採當晚製。霍山黃芽外形條直微展，色澤嫩綠披毫，葉底嫩黃明亮，湯色黃綠清澈，清香持久，滋味鮮醇濃厚。

廣東大葉青

大葉青為廣東的特產，製法是先萎凋後殺青，再揉捻、悶堆，這與其他黃茶的製作工序不同。殺青前先萎凋和揉捻後悶黃的主要目的是消除青氣和澀味，保證茶葉香味的醇和純正。

廣東省地處中國南方，位於亞熱帶以及熱帶氣候區，這裡常年溫熱多雨，年平均溫度大都在22℃以上，年平均降水量在1500毫米左右，甚至更多。茶園多分布在山地和丘陵地區，土壤多為紅壤，透水性好，非常適宜茶樹的生長。

大葉青外形肥壯，色澤青潤顯黃，葉底淡黃，湯色橙黃明亮，香氣純正濃厚，滋味濃醇回甘。

莫干黃芽

莫干黃芽產於浙江省德清縣的莫干山，為浙江省第一批省級名茶之一。莫干山群峰環抱，竹木交蔭，山泉秀麗，平均氣溫為21℃左右，夏季最高氣溫約29℃，常年雲霧籠罩，空氣濕潤，自古被稱為「清涼世界」。莫干山土壤多為酸性灰壤、黃壤，土層深厚，腐殖質豐富，鬆軟肥沃。

莫干黃芽的採摘要求非常嚴格，清明前後所採稱「芽茶」，夏初所採稱「梅尖」，七八月所採稱「秋白」，十月所採稱「小春」。其中，以芽茶最為細嫩，採摘一芽一葉或一芽二葉，芽葉經揀剔，分等攤放，然後經過殺青、輕揉、微渥堆、炒二青、烘焙乾燥、過篩等傳統工序製成。莫干黃芽外形細緊多毫，色澤綠潤微黃，葉底嫩黃成朵，湯色黃綠清澈，香氣清高持久，滋味鮮爽濃醇。

品嘗莫干黃芽時，宜用85℃左右的沸騰過的水來沖泡，泡茶最好使用純淨水，這樣泡出來的茶香味會更好一些。

溈山毛尖

溈山毛尖產於湖南省寧鄉市。溈山地處高山盆地，自然環境優越，茂林修竹，奇峰峻嶺，溪河環繞，蘆花瀑布一瀉千丈。溈山常年雲霧縹緲，罕見天日，素有「千山萬山朝溈山，人到溈山不見山」之說。這裡年均降雨量達1670毫米，氣候溫和，光照少，空氣相對濕度在80%以上。茶園土壤為黃壤，土層深厚，腐殖質豐富，茶樹久受甘露滋潤，不受寒暑侵襲，因而根深葉茂，芽肥葉壯。

溈山毛尖的製作工藝如下：採摘無殘傷、無紫葉的一芽一葉或一芽二葉，經殺青、悶黃、輕揉、烘焙、熏煙等工藝精製成茶。其中熏煙為溈山毛尖製作工藝的獨特之處。溈山毛尖外形微卷，色澤黃亮油潤，葉底黃亮嫩勻，湯色橙黃透亮，香氣芬芳濃郁，滋味醇甜爽口。

溫州黃湯

溫州黃湯又稱平陽黃湯，產於平陽、蒼南、泰順、瑞安、永嘉等地，其中以泰順的東溪與平陽的北港所產的茶品質最佳。該茶創製於清代，被列為貢品。溫州黃湯於清明前開採，採摘標準為細嫩多毫的一芽一葉或一芽二葉初展，要求大小勻齊一致。加工的基本工藝是殺青、揉捻、悶堆、初烘、悶烘。溫州黃湯外形細緊纖秀，色澤黃綠多毫，葉底勻整成朵，湯色橙黃鮮明，香氣清高幽遠，滋味醇甜爽口。

沖泡溫州黃湯時，投茶量一般以略多於綠茶為宜，不宜太多。用80℃左右的水沖泡，3分鐘後即可飲用，一般可沖泡3～5次。

鹿苑茶

鹿苑茶產於湖北省遠安縣鹿苑寺，因鹿苑寺而得名，迄今已有700多年的歷史。南宋寶慶元年（公元1225年），朝廷在鹿苑山麓建了一座寺廟。此地蘭香谷幽，鳥鳴山空，清溪山腳轉，白雲山頂纏。山林中常有鹿群出沒，嗷嗷而歌，故山名鹿苑山，寺名鹿苑寺，茶名鹿苑茶。可謂山因鹿名，寺隨山名，茶隨寺名，名山名寺名茶，天造地設，一脈相承。

據縣誌記載，鹿苑茶起初只是寺僧採摘寺側栽培茶樹的芽葉製成的，產量甚微。當地村民見茶香味濃，爭相引種，栽培範圍逐漸擴大。鹿苑寺位於群山之中的雲門山麓，海拔120米左右，龍泉河於寺前經過。茶園多分佈於山腳、山腰一帶，峽谷中的蘭草、山花與四季常青的百歲楠樹伴隨著茶樹生長。此地終年氣候溫和，雨量充沛，由紅砂岩風化而成的土壤肥沃疏鬆，因此茶樹生長繁茂，形成其特有品韻。鹿苑茶條索呈環狀，色澤谷黃，葉底嫩黃勻整，湯色綠黃明亮，清香持久，滋味醇厚甘涼。

沖泡鹿苑茶時，第一杯應倒掉，喝第二杯、第三杯時，其香味沁人心脾。另外，如用正宗紫砂茶具沖泡鹿苑茶，品時更得其味。

黑茶

黑茶是中國六大茶類之一，屬全發酵茶，因為成品茶的外觀呈黑色而得名。它的主產區為四川、雲南、湖北、湖南等地。黑茶採用的原料較粗老，製茶一般包括殺青、揉捻、渥堆和乾燥四道工序。

最早的黑茶是由四川生產的由綠茶經蒸壓而製成的邊銷茶。古寺，要將四川的茶葉運輸到西北地區，就會面臨交通不便、運輸困難內情況，因此必須減小茶葉體積，於是就將其蒸壓成團塊。在將茶加工成團塊的過程中，茶葉會經過二十多天的濕坯堆積，毛茶的色澤逐漸由綠變黑，成品團塊茶葉的色澤會變成黑褐色，並形成茶品的獨特風味，這就是黑茶的由來。黑茶也是利用菌發酵的方式製成的茶葉。黑茶按照產區的不同和工藝上的差別，分為湖南黑茶、湖北老青茶、四川藏茶和滇桂黑茶。對於喝慣了清淡綠茶的人來說，初嘗黑茶時往往覺得難以入口，但是只要堅持長時間飲用，就會喜歡上它獨特的濃醇風味。黑茶不僅流行於雲南、四川等地，還受到藏族、蒙古族和維吾爾族人的喜愛，現在黑茶已經成為他們日常生活中的必需品，有「寧可三日無食，不可一日無茶」之說。

由於黑茶的發酵特性，保存時如果防濕防潮做得不好，茶的表面就會長一層白黴。早期這種白黴不會影響黑茶的品質和口感，無須過分擔心，而且，黑茶在發酵過程中能產生對人體有益的菌（俗稱金花，學名為「冠突散囊菌」）。沖泡黑茶時，先去除其表面的白毛，然後將其在通風處存放幾日即可飲用。但是茶葉黴變後若不及時處理，等到茶上出現黑、綠、灰黴就不能飲用了。

一說起肥胖，人們馬上會想到脂肪，而黑茶對抑制脂肪的堆積有明顯的效果。黑茶在發酵過程中產生的一些成分可以起到防止脂肪堆積的作用。想用黑茶來減肥，最好是喝剛泡好的濃茶。另外，應養成天天飯前飯後各飲一杯的習慣，長期堅持下去即可見效。

六堡茶

◎佳茗簡介

六堡茶是歷史名茶，屬黑茶類，因原產於廣西壯族自治區梧州市蒼梧縣六堡鎮而得名。六堡茶的採摘標準是一芽二葉或一芽三葉，經攤青、低溫殺青、揉捻、渥堆、乾燥製成，分特級和一至六級。六堡茶有特殊的檳榔香氣，存放越久品質越佳。

蒼梧縣的六堡鎮位於北回歸線北側，年平均氣溫約21℃，年降雨量1500毫米，無霜期在30天左右。六堡鎮位於桂東大桂山脈的延伸地帶，峰巒聳立，海拔1000～1500米，坡度較大。茶葉多種植在山腰或峽谷，那裡溪流縱橫，山清水秀，日照短，終年雲霧繚繞。每天午後，太陽不能直射，水分蒸發少，故當地茶葉厚而大，味濃而香，往往價格昂貴。

涼置陳化是製作六堡茶過程中的重要環節，不可或缺。一般用簍裝著，擺放成堆，貯於陰涼的泥土庫房，至來年運銷，這也形成了六堡茶的獨特風格。因此，成品六堡茶必須經散發水分、降低葉溫後，堆放在陰涼的地方進行陳化。經過半年左右，湯色會變得更紅濃，且產生陳味，形成六堡茶紅、濃、醇、陳的品質特點。

◎品質

[外形] 緊細圓直　[色澤] 黑褐光潤　[葉底] 紅褐細嫩

[湯色] 紅濃明亮　[香氣] 有檳榔的香味　[滋味] 醇和爽口，略感甜滑

>>外形

>>湯色

>>葉底

◎沖泡步驟

1. 備茶，取六堡茶5～10克放入壺中，沖泡水溫以100℃為佳。(圖1～2)

2.將沸水沖入茶壺，茶葉與水的比例以1：50為宜，等3～5秒即把茶湯倒掉，目的是洗茶、潤茶，喚醒茶氣。(圖3～5)

3.再次沖入沸水，泡7～10秒即把茶湯倒入公道杯，再倒入茶杯，即可品飲。隨著沖泡次數的增加，適當延長泡茶的時間。(圖6～8)

普洱熟茶

>>外形

◎佳茗簡介

普洱熟茶以雲南大葉種曬青毛茶為原料，經過渥堆、發酵等工序加工而成。普洱熟茶色澤褐紅，滋味醇和，具有獨特的陳香。普洱熟茶茶性溫和，保健功能較好，深受大眾喜愛。普洱茶採用渥堆、發酵技術，1974年，用人工渥堆的方法製作普洱茶的技術在昆明茶廠正式研發成功，從而揭開了普洱茶生產的新篇章。

普洱茶有其獨特的加工工序，一般要經過殺青、揉捻、乾燥、渥堆等幾道工序。鮮採的茶葉經殺青、揉捻、乾燥之後，成為普洱毛青。這時的毛青韻味濃峻而欠章理。製成毛茶後，根據後續工序的不同可將普洱茶分為熟茶和生茶兩種。其中，經過渥堆轉熟的就是熟茶。將熟茶長時間貯放，待其品質穩定後，便可銷售。貯放時間一般需要2～3年，在乾倉陳放了5～8年的熟茶被奉為上品。

>>湯色

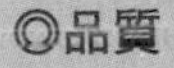

◎品質

[外形] 芽葉肥壯，舒展有活力
[色澤] 紅褐色
[葉底] 紅棕色，不柔韌
[湯色] 暗紅色，微透亮
[香氣] 陳香
[滋味] 醇厚回甘

>>葉底

◎沖泡步驟

沖泡普洱熟茶時，先用茶錐順著茶葉紋路，傾斜著將整塊茶撬取下來，再用蓋碗泡茶法沖泡即可。

普洱生茶

>>外形

◎佳茗簡介

普洱生茶是指新鮮的茶葉被採摘後以自然的方式陳放，未經過渥堆、發酵處理而製成的茶。生茶自然轉熟的進程相當緩慢，通常需要 5～8 年。但是完全穩熟後的生茶，其陳香中仍然存留著活潑生動的韻致，且時間越長，其內香及活力越發顯露和穩健。生茶茶性比熟茶濃烈、刺激，新製或陳放不久的生茶有苦澀味，湯色較淺或呈黃綠色。

普洱茶特有的品質和陳香是陳放過程中發酵形成的，存放一定時間後，普洱生茶中的主要成分茶多酚、氨基酸、糖類等發生變化，使得湯色、香味趨向於理想化。普洱的存放並不困難，只要不受陽光直射、雨淋，環境清潔衛生、乾燥通風，無其他雜味、異味即可。

普洱生茶可以清理腸道，有降脂、提神、降壓和減肥的功效，適合年輕人飲用。不過生茶的活性成分較多，因此易失眠者、感冒發熱者、胃潰瘍患者、孕婦不宜飲用。

>>湯色

◎品質

[外形] 芽頭明亮，白毫顯現
[色澤] 墨綠
[葉底] 呈黃綠色，有彈性
[湯色] 綠黃透亮
[香氣] 清純持久
[滋味] 濃厚回甘

>>葉底

◎沖泡步驟

泡普洱生茶時要掌握好水溫，水溫對茶湯的香氣、滋味都有很大的影響。普洱生茶應該用100℃的沸水沖泡。投茶量的多少可依個人口味而定，一般以泡3～5克茶葉用150毫升的水為宜，茶與水的比例在1：50至1：30之間。

為使茶香更加純正，有必要進行洗茶，即泡茶時，將第一次沖下的沸水立即倒出。洗茶可進行1～2次，但是速度要快，以免影響茶湯的滋味。正式沖泡時，泡1分鐘左右，即可將茶湯倒入公道杯。葉底可繼續沖泡，隨著沖泡次數的增加，沖泡時間可逐漸延長，從1分鐘逐漸增加至幾分鐘，這樣每次泡出的茶湯濃淡會比較均勻。

1.準備好茶具和茶葉。（圖1）

2.用茶錐順著茶葉紋路，傾斜著將整塊的茶撬取下來。（圖2）

3.取適量茶葉放入蓋碗。（圖3）

4.將沸水沖入蓋碗。（圖4）

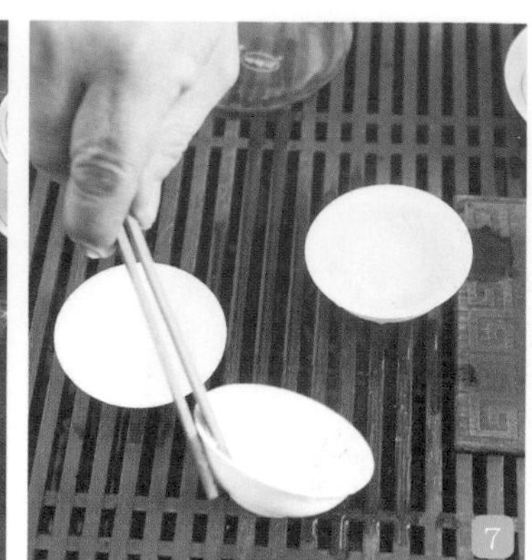

5.第一泡通常不喝，用來洗茶和溫杯。（圖5～7）

6.再次將沸水沖入蓋碗內，1分鐘後，將茶湯倒入公道杯，再依次倒入品茗杯。（圖8～10）

◎品飲

飲普洱生茶時，要注意以下事項：

1.吃東西容易上火、便秘、長痘等屬虛火體質的人可以喝普洱生茶，如果因不習慣普洱生茶的苦味而喝普洱熟茶，切記泡的時候要加點白菊花或蜂蜜調和一下，加點荷葉也可以。

2.普洱生茶和綠茶一樣，性寒涼，胃寒、腸胃不好者不宜飲用。

3.瘦人也可以喝普洱茶，常飲能幫助消化吸收、增強體質。

如何分辨普洱熟茶和普洱生茶？

普洱熟茶是以雲南大葉種曬青毛茶為原料，經渥堆、發酵等工藝加工而成的，而普洱生茶未經過渥堆、發酵處理，是以鮮葉為原料，經過殺青、揉捻、日光乾燥等工藝製成的。

分辨普洱生茶和普洱熟茶時，可從以下角度觀察和辨別：

指標	普洱生茶	普洱熟茶
乾茶顏色	呈墨綠色	呈紅褐色
湯色	綠黃透亮	紅濃
香氣	清純持久	陳香
葉底	呈黃綠色，有彈性	呈紅棕色，不柔韌

需要注意的是，保存普洱生茶和普洱熟茶時，應嚴禁將兩者混合存放。這是因為：

1. 普洱生茶和普洱熟茶的香氣類型不同

普洱生茶和普洱熟茶都有隨著儲藏時間的變化香氣發生改變的特點。普洱生茶多為毫香、荷香、清香、栗香，普洱熟茶多為參香、豆香、陳香、棗香、樟香。由於香氣類型不同，如將普洱生茶和熟茶混合存放，香氣物質必然會交叉吸附，相互掩蓋，我們就難以獲得純正自然的香氣了。

2. 普洱生茶和普洱熟茶的葉底顏色不同

普洱生茶葉底的顏色會隨儲藏時間的延長而加深，依次呈現嫩綠→嫩黃→杏黃→暗黃→黃褐→紅褐。而發酵程度較好的普洱熟茶，葉底顏色一般呈「豬肝色」，並隨儲藏時間的增加逐漸向暗褐色轉化。如果將普洱生茶和熟茶混合存放，散落的茶葉就會混雜在一起，這樣會影響所儲藏茶葉的價值。

沱茶

沱茶是一種圓錐窩頭狀的緊壓茶，主要的產地是雲南。沱茶從表面上看像圓麵包，從底下看像厚壁碗，中間往裡凹，頗具特色。沱茶依原料不同有綠茶沱茶和黑茶沱茶之分。

雲南沱茶依生產季節的不同，分為春茶、夏茶、秋茶三種。採下的茶葉經過炒青、揉捻、乾燥三個步驟後蒸透，裝入碗狀模型中，用手按壓，促使茶葉緊結成型。定型後進行烘焙，烘焙時必須以中溫長烘，促其乾燥，並使部分多酚類化合物氧化，從而增加甜味，減少苦澀味。沱茶外形緊結端正，色澤烏潤，有白毫，葉底肥壯鮮嫩，湯色橙黃明亮，香氣馥郁，滋味醇厚，喉味回甘。

沖泡時，將適量沱茶放入蓋碗，把沸水沿蓋碗邊注入，然後蓋上蓋子出湯。一般來說，第一次沖泡僅泡幾秒就要將茶湯倒掉，第二泡出湯差不多需要十幾秒。隨著沖泡次數的增加，出湯的時長也會逐漸增加。

湖南黑茶

湖南黑茶有「三尖」「四磚」「花卷」系列。「三尖」指湘尖一號、湘尖二號、湘尖三號，即天尖、貢尖、生尖，「湘尖茶」是湘尖一號、二號、三號的總稱。「四磚」即黑磚、花磚、青磚和茯磚。「花卷」系列包括千兩茶、百兩茶、十兩茶。

湖南黑茶在歷史上有著重要的地位。概括地講，一是歷史悠久，二是產量甚巨，三是質量優良，四是品類豐富。唐代中期，隨著茶葉生產的發展和消費的增加，茶葉貿易隨之興旺。太和年間（公元827年至835年），唐朝開始與塞外進行茶馬交易。從江南到華北再到塞外，形成了巨大的茶葉市場。商人在湖南收購較多的為潭州茶、岳州茶、衡州茶。宋朝實行由政府專買專賣的「榷茶制」，由茶商向政府納稅領取引票，持引票至生產地收購，再運往北方銷售。明朝繼續實行由政府壟斷的茶馬政策，湖南安化生產的黑茶由商人運往西北，由官府統一經營。由於質好價廉，這種茶深受少數民族地區人民的青睞，於1595年正式被定為官茶。明末清初，安化黑茶逐漸佔領西北邊銷茶市場，安化成為茶馬交易主要的茶葉生產供應基地，這裡生產的茶還運往山西、陝西及河北等省銷售。清朝，隨著茶葉飲用及內外銷貿易日益興盛，湖南產茶區域逐漸擴展到省內外大部分縣城。

湖南黑茶因量多質好，一直很暢銷，把持著西北茶銷市場的重要位置。在發展過程中，雖然有一段時間受到兩次大的戰爭的衝擊，銷量有所下滑，但因湖南黑茶所居的歷史地位以及所發揮的作用，政府採取了一系列的改革措施，湖南黑茶的銷量很快得以恢復。

◎儲存

1.宜陰涼忌日曬。日曬會使茶品極速氧化，產生一些不好的化學成分。

2.宜通風忌密閉。黑茶切忌使用塑料袋密封，可使用牛皮紙等通透性較好的包裝材料進行包裝儲存。

3.宜開闊忌異味。茶葉具有極強的吸附性，不能與有異味的東西混放在一起，宜放置在開闊而通風的環境中，或分區存放。

◎沖泡須知

沖泡湖南黑茶宜選擇粗獷、大氣的茶具，一般用厚壁紫陶壺或如意杯沖泡。公道杯和品茗杯則以透明玻璃杯為佳，以便於觀賞湯色。也可以採用煮飲法，先用沸水潤茶，再加冷水，然後一同煮沸，停火濾茶後，分而飲之。另外，沖泡湖南黑茶時還要注意以下兩點：

1.泡茶時，不要攪拌茶水或壓緊茶葉，這樣會使茶水變得渾濁。

2.由於湖南黑茶的茶葉比較老，因此泡茶時一定要用100℃的沸水，才能將湖南黑茶的茶味完全泡出。

茯磚茶

茯磚茶屬黑茶中的一個頗具特色的品種。明清時，茶農將湖南所產的黑毛茶踩壓成90千克一塊的篾簍大包，運往陝西涇陽築製茯磚。茯磚早期被稱為「湖茶」，因在伏天加工，故又稱「伏茶」，因原料送到涇陽築製，又稱「涇陽磚」。

茯磚茶分特製和普通兩個品種，它們之間的主要區別在於原料拼配方法不同。特製茯磚全部用三級黑毛茶作原料，而在製普通茯磚的原料中，三級黑毛茶只占到40%～45%，四級黑毛茶占5%～10%，其他茶占50%。

茯磚茶的壓制要經過原料處理、蒸氣漚堆、壓製定型、發花乾燥、成品包裝等工序。茯磚特有的「發花」工序需要很多條件，其中最重要的是磚體要鬆緊適度，便於微生物的繁殖活動。茯磚從磚模退出後，為促使「發花」，不直接送進烘房烘乾，而是先包好商標紙，再送進烘房烘乾。茯磚茶磚面平整，金花普茂，色澤黑褐，葉底勻整，湯色為琥珀色，香氣清而不粗，滋味醇和。

沖泡時，先用沸水溫杯燙壺，將預先備好的茯磚茶投入壺中，投放量一般以茶葉與水之比為1：20為宜（可視茶原料及個人喜好增減茶量），先用沸水潤茶，再注入冷泉水，煮至沸騰，將茶湯用過濾網瀝入公道杯，再倒入品茗杯，即可品飲。

七子餅茶

七子餅茶又稱圓茶，是雲南省西雙版納傣族自治州猛海縣猛海茶廠生產的一種傳統名茶。七子餅茶也屬於緊壓茶，茶農將茶葉加工緊壓成外形美觀、酷似滿月的圓餅茶，然後將每七塊餅茶包裝為一筒，此茶因而得名「七子餅茶」。

七子餅茶有生餅、熟餅之分。生餅是以雲南大葉種曬青毛茶為原料直接蒸壓而成；熟餅是以普洱茶壓製而成，但在製作過程中，其選料搭配的要求與生餅的要求幾近相同。恰當的嫩芽和展葉比例是保證七子餅茶品質的關鍵。七子餅茶外形緊結端正，色澤紅褐油潤，葉底鮮嫩平整，湯色紅黃鮮亮，滋味清爽。

花茶

花茶又名香片，是利用茶善於吸收異味的特點，選用已加工茶坯作原料，加上適合食用並能夠散發香味的鮮花為花料，採用特殊工藝製成的茶。花茶香味濃郁，茶湯色深，深得偏好重口味的北方人的喜愛。

花茶主要是將綠茶、紅茶或者烏龍茶作為茶坯，加上能夠吐香的鮮花製成的。根據所用香花品種的不同，花茶可分為茉莉花茶、玉蘭花茶、珠蘭花茶等，其中以茉莉花茶最為常見。

花茶宜清飲，不宜加奶、糖，以保持天然的香味。獨飲時，宜用瓷製小茶壺或玻璃杯沖泡；待客時，則宜用較大茶壺沖泡或煮三五分鐘後飲用，可續泡一兩次。

泡飲花茶，首先應欣賞花茶的外觀形態。泡花茶時，先將茶葉放在潔淨無味的白紙上，嗅乾花茶香氣，觀察茶胚的形狀和顏色，對花茶質量形成初步的印象。沖泡時，取花茶2～3克放入杯中。將沸水稍涼至90℃左右，然後將其沖入杯中，隨即蓋上杯蓋，以防香氣散失。可透過玻璃杯杯壁觀察茶在水中上下沉浮以及茶葉徐徐展開、葉形復原、滲出茶汁湯色的過程，這個過程稱為「目品」。沖泡3分鐘後，揭開杯蓋一側，聞其香氣，有興趣者還可深呼吸，充分領略香氣，這個過程稱為「鼻品」。茶湯稍涼至適口時，小口喝入，將茶湯含在嘴裡，使茶湯在舌面上往返流動一兩次，充分與味蕾接觸，品嘗茶味和香氣後再咽下。如此一兩次，才能嘗到名貴花茶的真香實味。

除鮮花和茶坯共製成的花茶外，我們習慣上把可與茶一樣泡飲的植物莖、葉、花也叫作「茶」，如菊花茶、千日紅茶等，這些茶通常具有一定的保健作用。

喝花茶的好處有哪些？

◎視覺、嗅覺與味覺的天然結合

沖泡花茶時，可以看見美麗的花朵與茶葉在熱水中復甦、伸展開來的景象。根據水溫的不同，有些花茶湯會展現不同的色彩。注入熱水時，花茶所散發出的純天然香氣，更能使人身心舒暢。因此，飲用花茶可以說是視覺、嗅覺與味覺的綜合享受。

◎花茶是接觸自然的媒介之一

花茶芳香無比，集花草之精華，得香茗之靈動。喝花茶時，人會感到自然的力量，放鬆身心，疏解壓力。對身處繁忙都市的人們而言，花茶不僅是一種飲品，人們還可藉助它重回自然的懷抱。

◎調理身心

花草是大自然的產物，用它調理身體不會產生副作用，對身體健康十分有益。雖然花茶不像藥物那樣有立竿見影的效果，但是它能幫助我們獲得身心的平衡與健康。每天飲一杯花草茶，無論是想要紓壓解鬱還是美顏纖體，長期堅持下去都會收穫意外的驚喜。好的花茶可以沖很多次，不像茶葉不能久泡，也不像咖啡只能沖泡一次。即使喝不完一直泡著，也不用擔心會滲出不好的成分。

茉莉花茶

◎佳茗簡介

茉莉花茶是將茶葉和茉莉鮮花進行拼和、窨製，使茶葉吸收花香而製成的茶。茉莉花茶外形秀美，毫峰顯露，香氣濃郁持久，滋味鮮醇爽口，湯色黃綠明亮，葉底勻嫩晶綠，經久耐泡。

茉莉花茶的茉莉花香氣是在加工過程中逐步產生的，所以成品茶中的茉莉乾花起的僅僅是點綴、提鮮、美觀的作用，有的品種中有此點綴，有的沒有。有無乾花點綴並不能作為判斷花茶品質好壞的標準，判斷茶葉好壞還是應該以茶葉本身的滋味為標準。優質的茉莉花茶具有乾茶條索緊細勻整、色澤黃褐油潤，沖泡後香氣鮮靈持久、湯色黃綠明亮、葉底嫩勻柔軟、滋味醇厚鮮爽的特點。

◎沖泡方法

沖泡茉莉花茶時，既要使香氣充分揮發，又要注意防止茶香散開，因此，要用沸水沖泡，茶具應加蓋。頭泡應採用低注法，沖泡時，壺口緊靠茶杯，直接注於茶葉上，使香味緩緩浸出；二泡採用中斟法，壺口稍離杯口注入沸水，使茶水交融；三泡採用高沖法，壺口離茶杯口稍遠沖入沸水，使茶葉翻滾，花香飄溢。一般沖水至八分滿為止，沖後立即加蓋，以保茶香。

1

2

3

4

桂花茶

◎佳茗簡介

桂花為木樨科植物，在9～10月開花。從花的顏色上看，桂花有金桂、銀桂和丹桂之分。從香氣與食用價值來講，銀桂最好，數量也最多。桂花香氣宜人，具有鎮靜止痛、通氣健胃的作用。其花碎小，通常為黃色伴有褐色，單獨沖泡，湯色為淡黃色，芳香怡人，微苦回甘。

桂花除可用於觀賞以外，還是窨製花茶，提煉芳香油，製造糖果、糕點的上等原料。將茶葉用鮮桂花窨制後，既不失茶的原味，又帶濃郁的桂花香氣，飲後有通氣和胃的作用，很適合胃功能較弱的老年人飲用。廣西桂林的桂花烘青、福建安溪的桂花烏龍、重慶北碚的桂花紅茶，均以桂花的馥郁芬芳襯托茶的醇厚，別具一格，是茶中珍品，深受國內外消費者的青睞。

◎沖泡方法

取4～6克桂花（可根據個人喜好調節投茶量），放入容量為300毫升左右的玻璃杯中，再加入沸水至八分滿，浸泡10分鐘，即可趁熱飲用。由於桂花比較小，喝的時候可用過濾網濾一下再喝。飲用時可加糖或蜂蜜，或摻入自己喜歡的茶葉一起沖泡。推薦搭配法蘭西玫瑰、胎菊、烏龍茶等。

1

2

3

金銀花茶

◎佳茗簡介

金銀花又名忍冬，為忍冬科多年生半常綠纏繞木質藤本植物。金銀花一名出自《本草綱目》，由於忍冬花初開為白色，後轉為黃色，因此得名「金銀花」。金銀花自古被譽為清熱解毒的良藥，它性甘，清熱而不傷胃，芳香透達又可祛邪。金銀花既能宣散風熱，又能清除血毒，用於治療各種熱性病（如身熱、發疹、發斑、熱毒瘡癰、咽喉腫痛等症）均效果顯著。

市面上的金銀花茶有兩種：一種是將鮮金銀花與少量綠茶拼和，按花茶窨製工藝製成的；另一種是用烘乾或曬乾的金銀花與綠茶拼和而成的。前者花香撲鼻，以品賞花香為主；後者香味較低，既有藥效，也有保健效果。

金銀花茶是老少皆宜的保健飲品，特別適宜夏天飲用。金銀花外形上粗下細，略彎曲，呈金黃色，葉底舒展柔軟，湯色黃綠明亮，香氣清新濃郁，滋味平淡自然。

◎沖泡方法

每次取6～15克金銀花茶（可根據自身情況調整投茶量），用100℃沸水沖泡3～5分鐘，即可飲用。

菊花茶

◎佳茗簡介

菊花是中國十大名花之一，在全國各地幾乎隨處可見。其中湖北大別山麻城福田河的福白菊、浙江桐鄉的杭白菊和黃山腳下的黃山貢菊（徽州貢菊）比較有名。除此之外，安徽亳州的亳菊、滁州的滁菊，四川中江的川菊，浙江德清的德菊，河南焦作的懷菊（四大懷藥之一）都有很高的藥用價值。特別是黃山貢菊，它生長在高山雲霧之中，採黃山之靈氣，汲皖南山水之精華，具有很高的飲用價值。

菊花為菊科多年生草本植物，是中國傳統的常用中藥材之一，主要以頭狀花序供藥用。據古籍記載，菊花味甘苦，性微寒，有散風清熱、清肝明目和解毒消炎等作用。菊花對口乾、火旺、目澀，或由風、寒、濕引起的肢體疼痛、麻木等疾病均有一定的療效。菊花茶主治感冒風熱、頭痛等，對眩暈、耳鳴有防治作用。菊花茶外形為球狀花蕾，呈明黃色，葉底舒展柔嫩，湯色黃綠明亮，清香濃郁，滋味清潤爽口。

◎沖泡方法

泡飲菊花茶時，最好用透明的玻璃杯，每次放上四五朵，再用沸水沖泡2～3分鐘即可。待水涼至70～80℃時，可看到茶水漸漸釀成微黃色。每次喝時，不要一次喝完，要留下1/3杯的茶水，再加水，泡上片刻再喝。沖泡時，也可在白菊花中加些茶葉，以起到調味的作用。

飲菊花茶時也可在茶杯中放入幾塊冰糖，熱飲、冰飲皆可。

1

2

3

玫瑰花茶

◎佳茗簡介

玫瑰花茶是用鮮玫瑰花和茶葉的芽尖按比例混合，利用現代高科技工藝窨製而成的高檔茶，其香氣有濃、淡之別，和而不猛。玫瑰花是一種珍貴的藥材，能通經活絡，軟化血管，調和肝脾，理氣和胃，對於心腦血管疾病、高血壓、心臟病及婦科疾病有一定療效。

玫瑰花蕾性溫、味甘，有理氣解鬱、和血散瘀、消腫止痛、美容養顏的功效，能清暑熱、解煩渴、醒脾胃及止血。玫瑰的芬芳來自它所含的約萬分之三的揮發性成分，豐富鮮豔的色彩則來自其所含的紅色素、黃色素等天然色素。此外，它還含槲皮甙、脂肪油、有機酸等具有美容功效的物質。在每年的5～6月，玫瑰花即將開放時，分批摘取它的鮮嫩花蕾，再經嚴格的消毒、滅菌、風乾製成乾玫瑰花，這樣幾乎可以完全保留玫瑰花的色、香、味。乾玫瑰花外形呈粉色，葉底潔白柔嫩，湯色為淡黃綠色，清香宜人，甘中微苦。

玫瑰花對婦女經痛、月經不調有神奇的功效。長期飲用玫瑰花茶，還能使人擁有清新體香，改善皮膚乾燥、蒼白或敏感的狀況，使膚色紅潤。

◎沖泡方法

將適量玫瑰花放入玻璃杯，加入85℃沸騰過的水，浸泡5分鐘後即可飲用。搭配牛奶、檸檬片味道更佳。

千日紅茶

◎佳茗簡介

千日紅又名百日紅、千日草，為一年生直立草本植物，高20～60釐米。全株披白色硬毛，葉對生，一般為長圓形，也有很少的一部分為橢圓形，長5～10釐米，頂端鈍，基部漸狹，葉柄短。千日紅於夏秋間綻放，花呈紫紅色，排成頂生、長1.5～3釐米的圓球形或橢圓形頭狀花序；苞片和小苞片呈紫紅色、粉紅色、乳白色或白色，小苞片長約7毫米。其外形粉紅光滑，呈嬌豔的淡粉色，葉底潔白柔嫩，清香宜人，味淡微甜。

花若可紅千日，那真是造物主額外的恩賜。大多數的花開時雖千嬌百媚、豔麗多姿，可是往往花開不足百日就會凋謝，能夠常開不敗的花一定是得到了許多祝福的，比如千日紅。所以，人們認為它象徵著永恆的愛、不朽的戀情。

千日紅是天生的乾燥花，也是風味絕佳的花草茶。顏色鮮豔的千日紅在熱水中要經過長時間浸泡，色澤才會逐漸變淺。花苞的豔麗色彩會慢慢析出，使茶水變成令人賞心悅目的嫩粉色。

◎沖泡方法

將適量千日紅放入玻璃杯，加入85℃的沸水，泡5分鐘後即可飲用。

1

2

3

勿忘我茶

◎佳茗簡介

勿忘我又名勿忘草，是紫草科勿忘草屬的植物。它主要分布於歐洲各國以及伊朗、巴基斯坦、印度等國，中國江蘇、四川、雲南等省以及東北、西北、華北等地也有。勿忘我生長於海拔200～400米的地區，多生於山地林緣、山坡以及山谷草地。

勿忘我的名字源於德文Vergissmeinnicht，是「不要忘了我」的意思。勿忘我的名稱還與一個悲劇性的戀愛故事有關。相傳一位德國騎士與他的戀人漫步在多瑙河畔，偶然瞥見河畔綻放著藍色的小花。騎士不顧生命危險探身摘花，不料卻失足掉入急流中。自知無法獲救的騎士說了一句「Don't forget me！（不要忘了我）」，便把那朵藍色的花扔向戀人，隨即消失在水中。此後騎士的戀人日夜將藍色小花佩戴在髮際，以顯示對愛人的忠貞與思念。而那朵藍色花朵便因此被稱作「勿忘我」，其花語便是「不要忘記我」「真實的愛」「真愛」。

勿忘我外形小巧秀麗，淺紫帶黃，葉底舒展軟滑，湯色清爽柔亮，清香宜人，入口芳香。

◎沖泡方法

將適量乾燥的勿忘我用沸水沖泡，悶約10分鐘後即可飲用。飲用時可酌加紅糖或蜂蜜。

1

2

3

玫瑰茄茶（洛神花茶）

◎佳茗簡介

玫瑰茄又名洛神花、洛神葵、山茄等，是錦葵科木槿屬的一年生草本植物，廣泛分布於熱帶和亞熱帶地區。玫瑰茄原產於西非、印度，目前在中國的廣東、廣西壯族自治區、福建、雲南、臺灣等地均有栽培。玫瑰茄植株高1.5～2米，莖呈淡紫色，直立，主幹多分枝，葉互生。洛神花在夏秋間開放，花期長，花萼呈杯狀，為紫紅色，花冠呈黃色。每當開花季節，花枝紅、綠、黃相間，十分漂亮，有「植物紅寶石」的美譽。

玫瑰茄的花萼肥厚多汁，並可提取天然食用色素，同時還可入藥，其味酸、性寒，具有清熱解暑、利尿降壓、養顏消斑、解毒解酒等功效。現代研究表明：玫瑰茄含有類黃酮素、原兒茶酸、花青素、異黃酮素、氨基酸、維生素、糖類、有機酸、無機鹽等化學成分，能降低膽固醇和甘油三酯，抑制低密度脂蛋白的氧化，抑制血小板的凝集，減少血栓的形成，減少動脈粥狀硬化，還可有效地預防心血管疾病的發生。此外玫瑰茄還有保肝、抗癌的作用。所以，玫瑰茄是一種很好的天然保健藥物。

◎沖泡方法

取玫瑰茄3～5克，用溫開水沖泡，然後加入適量的冰糖或蜂蜜，代茶飲。長期飲用，有助於降低人體血液中的總膽固醇和甘油三酯水平，達到防治心血管疾病和減肥的功效。

1

2

3

羅布麻茶

◎佳茗簡介

羅布麻屬野生多年生宿根草本植物，因在新疆尉犁縣羅布平原生長極盛而得名。羅布麻在全國各地均有分布，主產於新疆維吾爾自治區、青海、甘肅、寧夏回族自治區、山東等省區。

好的羅布麻茶外形捲曲，結構緊密，顏色呈綠色，而且色澤一致。劣質羅布麻茶由於加工簡單，只是隨便晾曬、烘乾，因此茶葉外形鬆散。

再就是劣質產品的表面上有白色的小點，出現這些小點的主要原因是加工過程中沒有經過去鹼處理，它們會對人的口腔和腸胃造成傷害。

◎沖泡方法

取適量的羅布麻茶放入茶杯，用沸水沖泡就可以飲用。要注意的是一定要用沸水沖泡，因為羅布麻葉表皮結構緊實、嚴密，需用沸水沖泡才能浸泡出滋味。此外，羅布麻茶非常耐泡，可沖泡3～5次，待茶湯無色無味後再換新茶，以免造成不必要的浪費。高血壓、高血脂患者用其泡水時每次最好放15克以上。

1

2

3

苦丁茶

◎佳茗簡介

苦丁茶是中國傳統的純天然保健飲料佳品，來源於冬青科植物大葉冬青的葉。苦丁茶生長於山坡、竹林、灌木叢中，分布於長江下游各省及福建省。

苦丁茶俗稱茶丁、富丁茶、皋盧茶。苦丁茶中含有苦丁皂苷、氨基酸、維生素C、多酚類物質、咖啡因等200多種成分。其成品茶有清香，滋味略苦，具有清熱消暑、明目益智、生津止渴、利尿強心、潤喉止咳、降壓減肥、抑癌防癌、抗衰老、活血脈等多種功效，素有保健茶、美容茶、減肥茶、降壓茶、益壽茶等美稱。

◎沖泡方法

沖飲苦丁茶的要點一是水要開，二是水質要好，最好是使用礦泉水、泉水或純淨水沖泡。茶量不宜太多，因為苦丁茶有量少味濃、耐沖泡的特點。

1

2

3

茶事與茶俗

第四章

茶事與茶俗

CHAPTER 4

坐酌泠泠水，看煎瑟瑟塵。
無由持一碗，寄與愛茶人。
——唐・白居易

龍井村十八棵御茶樹的傳說

傳說乾隆皇帝下江南時，微服來到杭州龍井村獅峰山下。一日，乾隆皇帝在胡公廟老和尚的陪同下游山觀景，忽見幾個村女正喜洋洋地從廟前十八棵茶樹上採摘新芽，心中一樂，就快步走入茶園，學著採起茶來。剛採了一會兒，忽然太監來報：「皇上，太后有恙，請皇上速速回京。」乾隆一聽太后有恙，十分著急，將手中茶芽向袋內一放，隨即日夜兼程返京，回到宮中向太后請安。其實，太后並無大礙，只是一時肝火上升，雙眼紅腫，胃中不適。忽見皇兒到來，太后心情好轉，又覺一股清香撲面而至，忙問道：「皇兒從杭州回來，帶來了什麼好東西，這樣清香？」乾隆皇帝也覺得奇怪，匆忙而歸，未帶什麼東西，哪來的清香呢？仔細一聞，確有一股馥郁清香來自袋中。他隨手一摸，原來是在杭州龍井村胡公廟前採來的一把茶葉，雖然已經乾燥，卻散發出濃郁的香氣。

太后想品嘗一下這種茶葉的味道，於是命宮女將茶泡好奉上，茶湯果然清香撲鼻，太后飲後滿口生津，神清氣爽。三杯之後，眼腫消散，腸胃舒適。太后樂壞了，稱這種茶是靈丹妙藥。乾隆皇帝見太后這麼高興，也樂得哈哈大笑，忙傳旨下去，將杭州龍井村獅峰山下胡公廟前自己親手採摘過茶葉的十八棵茶樹封為御茶樹，每年專門採摘製成茶，進貢給太后。從此，龍井茶的名氣越來越大。十八棵御茶樹雖經多次換種改植，但這塊「御茶園」一直保留至今，還成為一個旅遊景點。

龍井蝦仁的傳說

據傳，龍井蝦仁這道名菜也與乾隆皇帝下江南有關。一日，乾隆身著便衣在西湖遊玩，忽然下起了小雨，乾隆只得就近到一個茶農家中避雨。茶農熱情好客，為他奉上香醇味鮮的龍井茶。乾隆品嘗到如此好茶，喜出望外，便向茶農討了一包茶葉帶在身上。

雨過天晴之後，乾隆辭別了茶農，繼續遊覽西湖。雨後的西湖分外美麗，乾隆流連於美景，直到黃昏時分才來到一家小酒館用膳。他點了幾個小菜，其中有一道是清炒蝦仁。點好菜後，乾隆口渴，想起口袋裡的龍井茶，便撩起便服取茶給店小二。店小二看到龍袍一角，嚇了一跳，拿了茶葉急忙奔進廚房。正在炒蝦仁的廚師聽說皇帝到了，驚慌之中把小二拿的茶葉當作蔥花撒進了蝦仁裡，店小二又在慌亂之中將「茶葉炒蝦仁」端給乾隆。乾隆看到此菜蝦仁潔白鮮嫩，茶葉碧綠清香，胃口大開，嘗了一口，更覺清香可口，連連稱讚：「好菜！好菜！」從此以後，這道慌亂之中炒出來的龍井蝦仁就成為杭州名菜。

碧螺姑娘的傳說

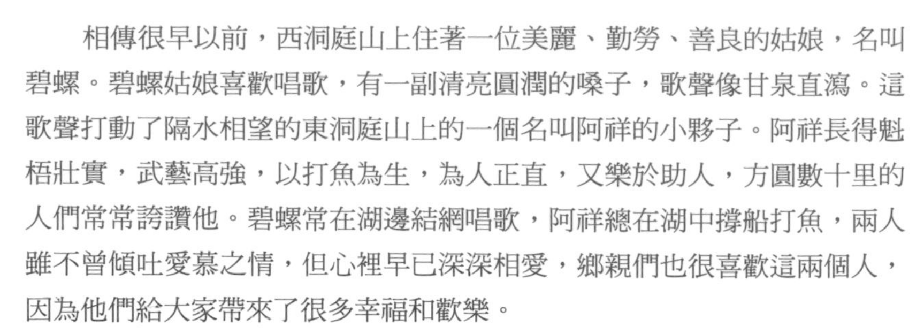

相傳很早以前，西洞庭山上住著一位美麗、勤勞、善良的姑娘，名叫碧螺。碧螺姑娘喜歡唱歌，有一副清亮圓潤的嗓子，歌聲像甘泉直瀉。這歌聲打動了隔水相望的東洞庭山上的一個名叫阿祥的小夥子。阿祥長得魁梧壯實，武藝高強，以打魚為生，為人正直，又樂於助人，方圓數十里的人們常常誇讚他。碧螺常在湖邊結網唱歌，阿祥總在湖中撐船打魚，兩人雖不曾傾吐愛慕之情，但心裡早已深深相愛，鄉親們也很喜歡這兩個人，因為他們給大家帶來了很多幸福和歡樂。

有一年初春，災難突然降臨太湖。湖中出現了一條殘暴的惡龍，惡龍四處興風作浪，搞得太湖人民日夜不得安寧，還揚言要碧螺姑娘做自己的「太湖夫人」。阿祥決心與惡龍決一死戰，保護鄉親們的生命安全，也保護心愛的碧螺姑娘。

在一個沒有月亮的晚上，阿祥操起一把大魚叉，悄悄潛到西洞庭山，只見惡龍行兇作惡之後正在休息。阿祥乘其不備猛竄上前，用盡全身力氣，用手中魚叉直刺惡龍脊背。於是一場惡戰開始了，雙方鬥了七天七夜，阿祥的魚叉才刺進了惡龍的咽喉。惡龍的爪子再也抬不起來了，而阿祥也身負重傷，跌倒在血泊中昏了過去。

鄉親們懷著感激和崇敬的心情，把阿祥抬了回來，碧螺姑娘看著受傷的阿祥，心如刀絞。為了報答阿祥的救命之恩，她要求把阿祥抬進自己家中，由她親自照料。阿祥的傷勢一天天惡化，碧螺姑娘焦急萬分，在鄉親們的幫助下，她訪醫求藥，仍不見效。一天，她找草藥時來到了阿祥與惡龍搏鬥過的地方，忽然看到有一棵小茶樹長得特別好，心想：這可是阿祥和惡龍搏鬥的見證，應該把它培育好。於是她就給這棵小茶樹施了些肥，培了些土。以後，她每天都跑去照料茶樹。驚蟄剛過，樹上就長出很多芽苞。天氣冷時，碧螺怕芽苞凍著，就用嘴含住芽苞。至清明前後，芽苞初放，伸出了第一片、第二片嫩葉。

姑娘採摘了一把嫩梢，揣在懷裡，回家後泡了杯茶端給阿祥。說來也奇怪，阿祥聞了茶香後精神大振，一口氣就把茶湯喝光了。香噴噴、熱騰騰的茶湯好像滲透進了他身上的每一個毛孔，他感到說不出的舒服。如此接連數日，阿祥居然一天天好起來了。終於有一天，阿祥坐起來了，拉著姑娘的手傾訴自己的愛慕和感激之情，姑娘羞答答地也訴說了自己對阿祥的心意。就在兩人陶醉在愛情之中時，碧螺的容顏卻日漸憔悴。直到有一天，她倒在阿祥懷裡，帶著甜蜜幸福的微笑永遠地閉上了眼睛。阿祥悲痛欲絕，把碧螺埋在洞庭山的茶樹旁。從此，他努力培育茶樹，採茶製茶。「從來佳茗似佳人」，為了紀念碧螺姑娘，人們就把這種名貴的茶葉取名為「碧螺春」。

黃山毛峰的前稱為何叫雪嶺青？

黃山毛峰曾經叫歙嶺青。據說當年朱元璋起義後，曾一度轉戰徽州，屯兵於歙縣萬歲嶺一帶。在此期間，有人給他獻上了歙縣的名茶「歙嶺青」。歙嶺青形狀美觀，芳香如蘭，滋味極佳，朱元璋一喝便連口稱讚：「雪嶺青，好茶，好名。」在歙縣的方言中「歙」與「雪」同音，因此朱元璋誤把「歙嶺青」聽成「雪嶺青」，從此，歙嶺青也被叫作雪嶺青。

後來，朱元璋建立了明朝。一日，他經過國子監的時候見到有廚子送貢茶入宮，就命人沖泡然後品嘗。喝完之後，他問廚子這是不是徽州的雪嶺青，廚子說是。原來這個廚子就是當年朱元璋轉戰徽州歙縣時入伍的，所以知道朱元璋對雪嶺青的喜愛。

朱元璋得知廚子算是與自己共患難過，而且記得自己的喜好，感慨萬千，於是賞賜他不少金銀珠寶，還封他為大明茶事。

國子監的一個貢生得知了此事，吟詩道：「十載寒窗下，何如一碗茶。」朱元璋聽說之後對他說：「他才不如你，你命不如他。」從此，雪嶺青的名頭更響。

松蘿茶的傳說

安徽省休寧縣有一座山，名叫松蘿山，山上產的茶頗為有名，叫松蘿茶。松蘿茶不僅香高味濃，而且能夠治病，至今北京、天津、濟南一帶的老中醫開方時還常用到松蘿茶。松蘿茶主治高血壓、頑瘡，還可化食通便。

傳說明太祖洪武年間，松蘿山上的讓福寺門口有兩口大水缸，這引起了一位香客的注意。因年代久遠，水缸裡面長滿了綠萍。香客來到廟堂對老方丈說，那兩口水缸是個寶，要出三百兩黃金購買，商定三日後來取。香客走後，老和尚怕水缸被偷，立即派人把水缸裡漂浮著綠萍的水倒出，將水缸洗淨然後搬到廟內。三日後香客來了，見水缸被洗淨了，便說水缸的寶氣已去，沒有用了。老和尚極為懊悔，但為時已晚。香客走出廟門後又轉了回來，說寶氣還在廟前，那倒綠水的地方便是，若在那裡種上茶樹，定能長出神奇的茶葉來，這種茶三盞能解千杯醉。老和尚照此指點在那裡種上茶樹，茶樹發出的茶芽果然清香撲鼻，老和尚便為此茶起名「松蘿茶」。

200年後，到了明神宗時，休寧一帶遭遇瘟疫，人們紛紛來讓福寺燒香拜佛，祈求菩薩保佑。方丈便給來者每人一包松蘿茶，並面授「普濟方」：病輕者，將此茶用沸水沖泡，頻飲，兩三日即愈；病重者，將此茶與生薑、食鹽、粳米一起炒至焦黃後煮服，或研碎吞服，兩三日也可痊癒。果然，此茶效果顯著，制止了瘟疫流行。從此松蘿茶成了靈丹妙藥，蜚聲天下。

白鶴茶的傳說

君山銀針原名白鶴茶。據傳初唐時，有一位名叫白鶴真人的道士從海外仙山歸來，將隨身帶的八株神仙賜予的茶苗種在了君山島上。後來，他修建了巍峨壯觀的白鶴寺，又挖了一口白鶴井。白鶴真人取白鶴井水沖泡仙茶，只見杯中一股白氣嫋嫋上升，一隻白鶴從中沖天而起，此茶由此得名「白鶴茶」。又因為此茶顏色金黃，形似黃雀的翎毛，所以又名「黃翎毛」。後來，此茶傳到長安，深得天子喜愛，天子遂將白鶴茶與白鶴井水定為貢品。

有一年，載著白鶴茶和白鶴井水的船過長江時，由於風浪顛簸，船上的白鶴井水灑了。押船的州官嚇得面如土色，情急之下只好取江水代替。白鶴茶運到長安後，皇帝命人泡了一杯茶，只見茶葉上下浮沉而不見白鶴沖天，心中納悶，隨口說道：「白鶴居然死了！」豈料金口一開即成真，從此白鶴井的井水就枯竭了，白鶴真人也不知所蹤。白鶴茶卻流傳下來，便是今天的君山銀針茶。

信陽毛尖的傳說

傳說信陽毛尖原來叫口唇茶。口唇茶原是九天仙女所種。有一年，信陽的一座山中蟲害成災，一隻神雞突然降落山上，將害蟲吃了個乾淨，並且在山上住了下來，從此天天為山上的村民報曉。村民們為了感謝這只神雞，就把這座山命名為「雞公山」。

沒有了害蟲的雞公山草木開始復甦，逐漸變得鳥語花香，成為人間仙境。連瑤池的仙女也聽聞了這裡的美麗，便請王母允許她們到雞公山遊玩。王母就讓仙女們輪流下凡，到人間遊玩三天。首批下凡的是九位看管茶園的仙女。

天上一天，人間就是一年。九位仙女到了雞公山住下，觀覽盡了奇峰怪石、名花異草，時間卻只過了一年。於是九人商量，在剩下的兩年裡為雞公山做些事情，留作紀念。大姐說：「雞公山風景秀麗，物產豐富，可還是有些美中不足。」大家一聽都趕緊問：「有什麼不足？」大姐說：「什麼都有，就是沒有茶樹。倒不如我們九姐妹變身成畫眉鳥，回去從仙茶園銜來一些茶籽種上。」大家覺得，這主意是不錯，但是茶籽弄來了，讓誰種呢？大姐笑著用手一指山腳下竹林中的幾間茅草屋，大家就都明白了。

茅草屋的主人叫吳大貴，爹娘過世了，就剩下他一人。他白天種地，晚上讀書，正準備去參加科考，日子過得寂寞清苦，惹人生憐。有天晚上，他夢見雞公山上走下來一位仙女，對他說：「雞公山土地肥沃，氣候濕潤，適合種茶。你在門口的竹子上系一個籃子，從明天起將會有九隻畫眉鳥從仙茶園銜來茶籽放到裡面，等到春天的時候，你就拿去種上。炒茶時我們自然會來幫你。」吳大貴醒來後，反復回憶夢境，大喜過望，於是按照仙女說的，一大早就在門前的竹子上系了一個籃子。三天之後，他收到了九千九百九十九顆茶籽。

春天時，吳大貴把茶籽種下，清明之後茶籽就發芽了，在春雨的滋潤下，雞公山上很快就有了一片茶林。仙女又給吳大貴托夢讓他準備炒茶的大鍋。吳大貴按照仙女的吩咐把鍋準備好之後，就來到茶林巡視，結果看到九位仙女正在採茶，並且她們不是用手，而是用嬌豔紅潤的玉口一張一合地採下一個個鮮嫩的茶芽。

採完了茶葉，大姐又帶著眾姐妹去幫吳大貴炒茶。大姐劈了一根竹子做成竹鏟，讓吳大貴用它在鍋裡攪拌，自己則坐到灶台後幫著燒火。所以後來炒茶都由男子掌鍋，女子燒火。仙女們一直幫吳大貴採茶製茶，一直到穀雨時節才離開。吳大貴泡上一杯新茶，剛把開水加進去，就見九位仙女出現在霧氣中，一個接一個地向空中飄去。他再端起茶杯一品嘗，只覺芳香四溢，神清氣爽。好茶自然得起個好名，吳大貴想起茶是仙女們用嘴採摘下來的，於是就將其命名為「口唇茶」。

口唇茶的故事一傳開，義陽的知州就馬上派人來要茶。知州品嘗之後驚為仙品，隨即把此茶

進獻給皇上。當時的皇帝是李隆基，一杯茶下肚，他忍不住拍案叫絕，得知了口唇茶的來歷後龍顏大悅，將此茶賜給了他的寵妃楊貴妃。楊貴妃喝了一口，只覺得神清氣爽，原本的疲乏消失殆盡。李隆基更是高興不已，下旨要在雞公山上建一座千佛塔，感謝神靈，還規定口唇茶從此作為朝廷貢品，年年進貢，民間不得飲用。他賜給吳大貴千兩黃金，讓其好好種茶。義陽的知州也被加封升官。

吳大貴一時間變成了雞公山的首富，他買田置地，和官府也有了交往，漸漸地開始迷失本性、欺壓鄉鄰。因為他尚未娶親，很多貪慕富貴的人都紛紛想要攀親。但是吳大貴心中早就對九位仙女起了愛慕之意，又怎麼會看上這些凡人呢。他心裡時時刻刻想的是等到來年採茶時節，仙女們再來給他幫忙的時候，就獨佔九位仙女。

很快就到了第二年的清明，吳大貴把和九位仙女成親的事情安排妥當了，天天就等著仙女們來給他採茶。果然，在茶葉適合採摘的時候，九位仙女又來了，吳大貴就對她們說：「謝謝九位姐妹讓我發財致富，如今採茶的事情我已經雇了人來辦，也不用勞煩幾位了。我對幾位早有愛慕之心，如今已把成婚事宜都安排妥當，還望諸位姐妹成全我的一片真心。」九位仙女離開瑤池時，王母便再三警告，讓她們不得起思凡念頭。九人自然沒有答應吳大貴，於是轉身離去。

神雞得知了此事，對吳大貴的所作所為十分憤怒，就飛到吳大貴的院子的上空，扇動雙翅把院子點著了，然後飛到茶林，伸出巨爪挖了三條深溝，毀掉了九千九百九十七棵茶樹，只留了長在深溝邊的懸崖上的兩棵。

奉命去雞公山建佛塔的監工在離雞公山不遠的車雲山下得知吳大貴死於火海，口唇茶也毀壞殆盡的消息，就回去向皇上稟告。經此一事，雖然千佛塔沒有建成，但是長在車雲山懸崖上的兩棵茶樹日漸長成，後來就代替口唇茶成為貢品，也就是有名的「義陽土貢茶」。

鐵觀音名字的由來

關於鐵觀音名字的由來，一直都有爭議。近年來，安溪西坪鎮松岩與堯陽兩村還為此產生了激烈的爭論。一種說法是魏蔭夢見觀音托夢，於是取名「鐵觀音」；另一種說法是王士讓發現以及進貢此茶，由皇帝賜名。

第一種說法是，西坪松岩村的魏蔭鐵觀音茶是傳統的鐵觀音茶，松岩是鐵觀音最早的產地。相傳，一個叫魏蔭的茶農十分信奉佛教，家裡供奉著觀音，每天出門之前都會給觀音奉上一杯清茶，寒來暑往從未間斷。有一天晚上，他在夢中見到了一棵從未見過的茶樹。第二天醒來，他懷著好奇心，憑著模糊的記憶找到了夢境中的地方，果真在那裡的石縫中見到了夢中的茶樹，於是將其移植到家中細心培育起來。因為是觀音托夢所得，所以取名為鐵觀音。

第二種傳說是，清朝時安溪堯陽南岩山仕人王士讓修建了一間屋子，取名為「南軒」。每到傍晚，他都會漫步到南軒旁邊欣賞美景。有一天，他偶然發現在亂石中長有幾株與眾不同的茶樹，心中好奇，於是將其移植到了自己的院中。春天的時候，茶樹發出新芽，散發出濃郁的香氣。王士讓便採摘下新芽製成茶葉，沖泡後品嘗，發現味道鮮爽幽香，於是對此茶甚是珍愛。乾隆六年的時候，王士讓應召進京，就帶了一包茶葉送給禮部侍郎方苞。方苞見此茶人間少有，便進獻給了皇上。乾隆飲後，讚不絕口，便問茶的來歷。聽聞此茶還沒有名字，見其烏潤結實，沉重似鐵，味香形美，猶如觀音，遂賜名「鐵觀音」。

祁門紅茶的創始人

祁門紅茶不僅是中國十大名茶之一，更是世界三大高香名茶之一，深受外國友人喜愛，也被稱為「祁門香」「王子香」「群芳最」。

胡元龍，字仰儒，祁門南鄉貴溪人，祁門紅茶的創始人之一。他通史書兼武略，年方弱冠便以文武之才聞名，被朝廷授予世襲把總一職。但他生性淡泊，不重功名，而重視工農生產。18歲時，他辭官前往貴溪村的李村塢，栽四株桂樹，築五間土房，取名「培桂山房」，開始在此墾山種茶。

在此之前，祁門不產紅茶，只產安茶、青茶等，銷路並不好。1875年，胡元龍開始在培桂山房籌建茶廠，並請了甯州師傅舒基立按工夫茶的方法試製紅茶。經過不斷地研製改進，直到1883年，紅茶才研製成功，胡元龍也因此成為祁門紅茶的鼻祖之一。

胡元龍本人樂善好施，公正廉潔，在當地很有威望。當時祁門偏遠，教育更是落後，於是他自己出資在平裡鎮創立梅南學校，開創了祁門辦新學的先河。為了改善農民的生存條件，他又投資開荒種地，鼓勵農民發展農業生產。在他的帶領下，貴溪村人的收入得到增加，生活得到改善，祁門其他地方的人也受到影響，積極開闢荒山，發展種植業。

胡元龍一生正氣，不慕名利。他對子孫們說：「書可讀，官可不做。」他還在大廳裡寫了一副對聯：「做一等人忠臣孝子，為兩件事讀書耕田。」

藏族人愛喝哪種茶？

「千里不同風，百里不同俗。」中國是一個多民族國家，由於所處地理環境、歷史文化、風俗和生活習慣的差異，每個民族的飲茶風俗各不相同。即使是同一民族，在不同地域，飲茶習俗也可能有所不同，但是把茶看作健康的飲品、把飲茶看作友誼的橋樑這一點是共通的。

比如說，漢族人招待客人時喜歡請客人喝茶，而敬酥油茶也是藏族人民款待賓客的傳統禮儀。酥油茶各有製法，常見的有先煮後熬，然後在茶湯中加入酥油等作料，或將茶用水熬成濃汁後倒入茶桶，再加酥油和食鹽，然後抽打茶桶，使油茶交融，最後倒入鍋裡加熱製成酥油茶。

「其腥肉之食，非茶不消；青稞之熱，非茶不解。」酥油茶有驅寒、去膩、充饑、解乏、使頭腦清醒、緩解高原反應等功效，可以說酥油茶是藏族人民日常生活必不可少的一種飲品，也是他們待客、祭祀時不可或缺的用品，極具民族特色和文化內涵。

南疆維吾爾族人愛喝哪種茶？

南疆維吾爾族人喜歡喝香茶。香茶是一種將茶放入長頸茶壺，煮開後再加入各種香料攪拌而成的茶。

南疆維吾爾族人認為香茶有養胃提神的作用，是一種營養價值極高的茶。他們習慣於在吃早、中、晚三餐時飲用此茶，通常是一邊吃饢，一邊喝茶。與其說他們把香茶看作一種解渴的飲料，還不如說他們把它看作一種佐食的湯料，實際上就是一種以茶代湯、用茶佐菜之舉。

蒙古族人愛喝什麼茶？

喝鹹奶茶是蒙古族人的傳統飲茶習俗。在牧區，人們往往是「一日一頓飯」，卻習慣於「一日三餐茶」。每日清晨，主婦要做的第一件事就是先煮一鍋鹹奶茶，供全家人整天享用。

蒙古族人喜歡喝熱茶，早上，他們一邊喝茶，一邊吃炒米，然後將剩餘的茶放在微火上暖著，以便隨時取飲。通常一家人只在晚上放牧回家後才正式用餐，但早、中、晚喝三次鹹奶茶一般是不可缺少的。

油茶是什麼？

居住在雲南、貴州、湖南、廣西壯族自治區等地的少數民族人民十分好客，不同的少數民族之間雖習俗有別，但都喜歡喝油茶。

當地將做油茶稱為打油茶。打油茶一般有以下程序。第一道程序是選茶，通常有兩種茶可供選用，一是經專門烘炒的末茶，二是剛從茶樹上採下的幼嫩梢，具體選擇哪一種，可根據各人口味而定。 第二道程序是選料，打油茶的用料通常有花生米、玉米花、黃豆、芝麻、糯粑、筍乾等，應預先製作好備用。 第三步是煮茶，先生火，待鍋底發熱，放適量油入鍋，待油面冒青煙時，立即投入適量茶葉翻炒。當茶葉散發清香時，加上少許芝麻、鹽，再炒幾下，就倒水加蓋，煮沸3～5分鐘，即可將油茶連湯帶料起鍋，盛入碗中。一般家庭自喝，這又香、又爽、又鮮的油茶已算打好了。 如果打的油茶是用於慶典或宴請的，那麼，還得進行第四道程序，即配茶。配茶就是將事先準備好的食料先行炒熟，取出放入茶碗中備好，然後將茶湯中的茶渣撈出，再將茶湯趁熱倒入備有食料的茶碗中。 最後是奉茶，一般當主婦快要把油茶打好時，主人就會招待客人圍桌入座。由於油茶中加有許多食料，喝油茶還得用到筷子，因此與其說是喝油茶，還不如說是吃油茶更為貼切。

北京大碗茶是什麼？

相信很多人都聽過《前門情思大碗茶》這首歌。「吃一串兒冰糖葫蘆就算過節，他一日那三餐，窩頭鹹菜麼就著口人碗兒茶。世上的飲料有千百種，也許它最廉價，可誰知道，誰知道，誰知道它醇厚的香味兒，飽含著淚花。」一曲京味兒十足的戲歌唱出了海外遊子對故鄉的強烈情感，其中提到的大碗茶正是中國特色茶文化之一。

喝大碗茶的習俗在北方地區隨處可見，特別是在大道兩旁、車船碼頭，甚至在車間、工地、田間都屢見不鮮。賣茶人支起一個簡易的茶攤，擺上簡陋的桌椅，用大碗賣茶，供過往客人就地飲用。尤其是在北京前門大街等地，這樣的茶攤更是隨處可見。

大碗茶價格便宜，量大實惠，茶攤擺設隨意，對茶葉、茶具等都不甚講究，具有大眾化和平民化的特點。最初人們喝大碗茶就是以喝得多、喝得快、解渴為目的，這也是一種獨具地域特色的茶文化。即便是在生活條件日益提高的今天，大碗茶仍然不失為一種重要的飲茶方式。

第五章

茶與健康

CHAPTER 5

茶葉中含有500多種對人體有用的成分，它們對防病、治病有著重要的意義。茶療作為一種養生保健、防病療疾的治療方法，一直深受人們的喜愛。

茶的功效有哪些？

茶葉中含有咖啡因、維生素、氨基酸、茶多酚、生物鹼、茶多糖、芳香類物質等幾百種成分。其中，游離氨基酸有20多種。氨基酸的含量決定了茶的口感，氨基酸含量較高的茶葉，其茶湯的香味和鮮味比含量低的茶葉濃郁。茶中還含有鈣、磷、鐵、錳、鋅、硒、銅、鍺、鎂等多種礦物質。茶葉中的這些成分對人體是很有益的。有很好的保健功效。

|有助於延緩衰老|

按照自由基學說的理論，人體衰老的原因是組織中自由基含量的改變，這種改變使細胞功能遭到破壞，從而加速機體的衰老進程。研究表明，過氧化脂質在體內的增加與機體衰老進程是一致的，當體內自由基呈過剩狀態時，機體就會逐漸衰老。茶多酚具有很強的抗氧化性，是人體自由基的清除劑。茶多酚還有阻斷脂質過氧化反應、清除活性酶的作用。研究表明，茶多酚的抗氧化性明顯優於維生素E，且對維生素C、維生素E有增效效應。

|有助於抑制心血管疾病|

茶多酚對促進人體脂肪代謝有著重要作用。人體的膽固醇、三酸甘油脂等含量增高，血管內壁脂肪沉積，血管平滑肌細胞增生容易導致動脈粥狀硬化等心血管疾病。茶多酚（尤其是茶多酚中的兒茶素ECG和EGC及其氧化產物茶黃素等）有助於抑制這種斑狀增生，使導致血凝黏度增加的纖維蛋白原水平降低，從而抑制動脈粥狀硬化。

|有助於預防和輔助治療癌症|

茶多酚可以阻斷亞硝酸胺等多種致癌物質在體內合成，並具有直接殺傷癌細胞和提高機體免疫能力的功效。有關資料顯示，茶葉中的茶多酚（主要是兒茶素類化合物）對胃癌、腸癌等多種癌症的預防和輔助治療均有裨益。

|有助於預防和治療輻射傷害|

茶多酚及其氧化產物具有抵抗放射性物質傷害的能力。醫療部門的臨床實驗證實，針對腫瘤患者由接受放射治療引起的輕度放射病，用茶葉提取物進行治療，有效率在90%以上；針對血細胞減少症，用茶葉提取物治療，有效率達81.7%；針對由輻射引起的白細胞減少症，用茶葉提取物治療效果更好。

|有助於抑制和抵抗病毒病菌|

茶多酚有較強的收斂作用，對病原菌、病毒有明顯的抑制和殺滅作用，對消炎止瀉有明顯效果。中國有不少醫療單位採用茶葉製劑治療急性和慢性痢疾、阿米巴痢疾、流感，治癒率在90%左右。

|有助於美容護膚|

茶多酚是水溶性物質，用它洗臉能清除面部的油脂，收斂毛孔，還具有消毒、滅菌、抗皮膚老化、減少日光中的紫外線對皮膚的損傷等功效。

|有助於提神醒腦|

茶葉中的咖啡因能促使人體中樞神經興奮，有提神益思，清心醒腦的功效。

|有助於利尿解乏|

茶葉中的咖啡因可刺激腎臟，促使尿液迅速排出體外，提高腎臟的濾出率，減少有害物質在腎臟中滯留的時間。咖啡因還有助於人體儘快消除疲勞。

|有助於減脂|

唐代《本草拾遺》中論及茶的功效有「久食令人瘦」的記載。茶葉有助消化和減脂的重要功效，通俗地講，就是有助於減肥。這是由於茶葉中的咖啡因能提高胃液的分泌量，可以幫助消化，增強分解脂肪的能力，有預防和抑制肥胖的功效。

日本人特別喜歡中國的烏龍茶，因為烏龍茶有較強的分解脂肪的作用，可以消除油膩，幫助消化。有研究證實，常飲雲南產的普洱茶，可降低人體中三酸甘油脂和膽固醇的含量。法國婦女（特別是女青年）很講究形體美，她們把普洱茶稱為「減肥茶」。

|有助於護齒明目|

茶葉含氟量較高，每100克乾茶中氟的含量為10～15毫克，且80%為水溶性成分。若每人每天飲茶水500克，則可吸收水溶性氟1～1.5毫克。而且茶水是鹼性飲料，喝茶水可抑制人體鈣質的流失，對預防齲齒、保護牙齒非常有益。

飲茶的十二個誤區

|飯後立刻喝茶有助於消化|

事實上，飯後立刻喝茶並不好，因為茶葉中的鞣酸容易和食物中的鐵發生反應，影響鐵質吸收，導致人體缺鐵，甚至誘發貧血症。正確的習慣是飯後半小時至1小時再喝茶。

|空腹飲茶|

空腹飲茶會沖淡胃酸，抑制胃液分泌，妨礙消化，影響人體對蛋白質的吸收，甚至會引起心悸、頭痛、胃部不適、眼花、心煩等茶醉現象，因此，空腹時不宜飲茶。若發生茶醉，可以口含糖果或者喝一些糖水來緩解。

|茶喝得越多越好|

要根據個人情況決定飲茶量。對茶葉防癌效果的研究顯示：只要每天喝150毫升茶就具有健康效益；對於目前通過保健食品認證的罐裝茶飲料，一般喝650～1200毫升即可實現標示的功效。如果喝茶會影響睡眠或導致身體不適，就不要勉強喝茶。

|茶葉泡得越久口感越好|

不同的茶、不同的沖泡方法適合的沖泡時間也不同，因此不能一概而論。但是，總的來說，茶葉不宜久泡，因為沖泡得越久，茶葉中的咖啡因等物質釋出得越多，會影響茶湯的口感和品質，茶水會有苦澀的味道，而且已經釋出的有效成分也會因為氧化而遭到破壞。因此，應避免將茶葉泡得太久。

|茶越濃越好|

有的人喜歡喝濃茶提神，但其實茶水太濃，浸出的咖啡因和鞣酸過多，對胃腸的刺激性會很大。

|用保溫杯泡茶|

泡茶不宜用保溫杯，因為用保溫杯泡茶，茶水會較長時間保持高溫，茶葉中的一部分芳香類物質會消散，香氣會減弱。此外，長時間浸泡的茶水容易有苦澀味，還會損失部分營養成分。

|用開水泡茶|

並非每種茶都適合用開水沖泡。一般100℃的沸水適合用來沖泡黑茶、烏龍茶，這些味道濃郁的茶用溫度高的水沖泡，茶湯的品質和顏色都更好。而綠茶屬於不發酵茶，不適合用過熱的水沖泡，尤其是芽葉細嫩的名茶更不適合，否則茶湯會變黃，茶的品質和口感會受影響，茶葉中的許多營養物質也會被破壞。明前龍井和其他芽葉細嫩的綠茶，以及白茶和黃茶最好用70～85℃的水沖泡，對於紅茶、花茶，水溫可再高些。

|運動後大量飲茶|

運動過後或者水分大量流失後不宜喝茶補充水分。一是因為運動後，心臟跳動頻率比平常高，心臟負擔較大，若此時喝茶，那麼茶中的咖啡因會刺激神經，使神經更興奮，加重心臟負擔，不利於運動後的恢復，對於體質本來就不好的人來說還可能有更嚴重的影響。二是因為茶具有利尿作用，運動後人本來就會大量出汗，失去大量電解質，若喝茶或茶飲料會進一步加重水分流失。

喝茶後嚼茶渣

有些人喝完茶後會咀嚼茶葉渣並吃下去，認為這樣可以充分吸收茶葉中的營養物質。但從安全和健康的角度來看，不建議這樣做，因為茶渣中也可能有微量的重金屬元素和不溶性農藥。如果吃茶渣，就會攝入這些有害物質，得不償失。

一把茶葉泡一天

很多人上午會泡一壺茶，然後一喝就是一天，沖泡很多次也不換茶葉。其實這種做法是錯誤的，因為茶葉中的可溶物質的量是有限的，隨著茶沖泡次數的增加，可浸出的營養物質會大幅降低，沖泡次數越多，茶葉的營養價值越低，喝到最後既品嘗不到茶的香味，保健功效也大大降低。一般來說，紅茶、綠茶以沖泡三次為宜，烏龍茶可多沖泡幾次。此外，泡茶時最好用小茶壺，在辦公室喝茶時如果不方便的話可以用帶濾網的茶杯，將茶葉和水分開，避免茶葉長時間浸泡於水中。

茶越新鮮越好

很多人喝茶時喜歡追求新茶，認為新茶一定比陳茶好，但是新茶存放時間短，多酚類、醛類及醇類等物質含量較多，對人的胃腸黏膜刺激性較大，久喝可能誘發胃病。胃不好的人更應少喝加工後存放不足半個月的茶。且新茶中咖啡因、鞣酸等物質的活性較強，常喝這樣的茶容易使神經系統高度興奮，出現茶醉現象。

喝茶有助於醒酒

許多人喝酒後愛飲茶，認為這樣有利於解酒。其實酒後喝茶對身體健康不利。飲酒後，酒中的乙醇會通過胃腸道進入血液，在肝臟中轉化為乙醛，再轉化成醋酸，由醋酸分解成二氧化碳和水最後排出。如果酒後喝茶，茶水就會發揮利尿作用，使尚未分解的乙醛過早進入腎臟，強烈刺激腎臟，從而影響腎功能。此外，酒精中的乙醇和茶葉中的咖啡因都對心臟有刺激性，因此酒後喝茶會加重心臟負擔。

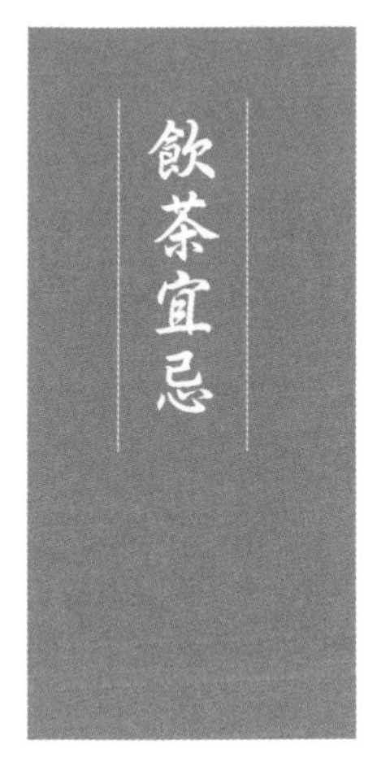

飲茶宜少加糖

現在，市面上流行的茶飲料有加全糖的、加半糖的、不加糖的等幾種。尤其是很多人熱衷的奶茶，不論是瓶裝的還是現做的，即使是標注了無糖或不加糖，其熱量也很高。糖尿病、高血脂患者和想減肥的人不宜飲用加糖的茶。

宜注意茶葉的貯存

之前已經講解過茶葉的貯存方法。需要強調的是，花草茶需特別注意保存的環境，因為花草茶含有較多的水分，容易因受潮而變質，所以保存時使用乾燥劑或將其放在冰箱裡保存都是不錯的選擇。

忌以茶配藥

茶水中的茶單寧會與某些藥物結合從而影響藥效，例如補鐵劑、某些抗生素會被茶水中的單寧酸、生物鹼所吸附，使得人體對此類藥物的吸收減少。

忌飯前飯後大量飲茶

飯前、飯後20分鐘以內都不宜飲茶。飯前飲茶易傷害腸胃，飯後飲茶會沖淡胃液，影響食物消化。茶中含有草酸，草酸會與食物中的鐵質和蛋白質發生反應，影響人體對鐵質和蛋白質的吸收。

忌睡前飲茶

睡前兩小時內最好不要飲茶，否則會使人的精神過於興奮，影響睡眠，甚至導致失眠。尤其是飲用新採的綠茶後，神經極易興奮，很容易失眠。

忌喝過燙茶

有一些人喜歡喝剛泡好的茶，其實這樣對健康有害。過燙的茶對喉部、食道和胃腸道都有較強的刺激性，長時間喝過燙的茶容易傷害這些器官，甚至誘發惡性疾病。

忌喝隔夜茶

如果茶水放置的時間過長，茶多酚就會發生氧化，茶色會變暗，營養價值也會降低。此外，茶湯長時間暴露在空氣中也容易被微生物污染，茶中的蛋白質、糖類物質還容易為細菌提供養分，使茶湯變質，人飲用後易胃痛、腹瀉。所以，最好不要飲用隔夜茶。

兒童可以喝茶嗎？

很多家長不敢讓兒童飲茶，認為茶會刺激孩子的中樞神經系統，使孩子興奮，不利於孩子的發育。還有觀點認為茶裡的茶多酚容易導致孩子患缺鐵性貧血。這些觀點有一定道理，但並不是絕對的，兒童飲茶要參考年齡、體質、季節等因素，不能一概而論。

一般來說，6歲以下的孩子不宜飲茶，因為6歲以下的孩子發育尚不成熟，茶裡的茶鹼、咖啡因等確實容易導致孩子過度興奮、心跳加快、尿頻、失眠等。茶葉中的鞣酸還會影響蛋白質的消化吸收，進而影響兒童的食欲和生長發育。

6歲以上的兒童可以適當、合理地飲茶。一般要求每日飲量不超過兩小杯，儘量在白天飲用，茶湯要偏淡且要溫飲。注意不要喝濃茶，泡茶時間也不要太久，飯前和飯後都不宜飲茶，否則會影響食物的消化和吸收，所以最好在飯後半小時再讓孩子喝茶。

適度、合理飲茶可以促進兒童的消化吸收，茶葉中含有的維生素、氨基酸等營養物質以及一些微量元素都對兒童的生長發育有益。茶葉中的氟還能起到預防齲齒的作用。幫助兒童養成喝茶的習慣還有助於防止他們攝入過多含糖量高的軟飲料。

青少年喝茶有什麼好處？

如今，大多數青少年面臨著繁重的學習任務，學業的壓力容易使他們缺乏運動，消化不良，從而導致肥胖。父母的關愛或者溺愛也容易使孩子養成貪食、偏食的不良習慣，攝入過多的高熱量食品，這也會使孩子消化不良、缺乏某些營養素。

適度飲茶有助於調節脂肪代謝，幫助消化吸收，加強小腸運動，促進膽汁和腸液的分泌，預防肥胖。喝茶還可以使青少年補充生長發育和新陳代謝所需要的礦物質和其他營養素，有利於他們的健康成長。青少年喝茶還可預防齲齒。

老年人適合喝茶嗎？

老年人體質逐漸下降，消化功能下降，腎功能逐漸衰退，因此喝茶時，需注意飲用量，還要注意飲茶的時間和茶水濃度。

大量飲茶或茶水過濃，容易稀釋胃液，影響食物的消化吸收；攝入過量的咖啡因等物質，易導致失眠、心律不齊、耳鳴眼花、大量排尿等症狀。一些心肺功能弱的老人，飲茶後還容易出現心慌、氣短、胸悶等感覺。另外，老年人腸胃功能弱，早上喝茶易導致腸胃不適，晚上喝茶容易使神經過於興奮，從而影響睡眠和休息。

女性在生理期能喝茶嗎？

女性在生理期不宜喝茶。

月經期間，女性身體中的鐵元素會隨著經血流出而大量流失，而茶中的茶多酚在腸道中容易與鐵元素結合形成沉澱物，妨礙腸黏膜對鐵的吸收和利用，從而導致缺鐵性貧血的發生。此外，茶中含有的咖啡因容易導致痛經、生理期延長或經期血量過大。

孕婦能喝茶嗎？

孕婦可以適量飲茶，但不能飲濃茶。茶葉中的鞣酸可以與食物中的鐵元素結合成一種不能被身體吸收的複合物，容易導致缺鐵性貧血。孕婦過多飲用濃茶，有引起妊娠貧血的可能，也將給胎兒留下患先天性缺鐵性貧血的隱患。孕婦喝茶過量還容易使胎兒吸收茶中的咖啡因，導致生長發育受影響。咖啡因對孕婦自身的健康也不利，容易引起心悸、失眠等症狀。

哺乳期女性能喝茶嗎？

處於哺乳期的女性不宜多喝茶。除了容易引發貧血外，茶葉中的咖啡因還容易使人精神興奮，影響產婦休息。咖啡因會通過乳汁進入嬰兒體內，影響嬰兒尚未發育完全的器官，使嬰兒精神過於興奮，休息不好，且易出現腸痙攣和無故啼哭的現象。

上班族如何飲茶？

整天處於相對封閉的環境中的上班族，皮膚較其他人更容易出現問題，如乾澀、長小細紋等。

補充水分是解決這些問題的最佳選擇，因為人體如果缺少水分，尿液會減少，也就不容易排除身體內的毒素，隨之而來的是容易疲倦、思維混亂。但補充水分也有學問。現在，很多辦公大樓裡都有空調，很多上班族還要整天對著電腦，這樣的上班族最好喝綠茶。綠茶除了可以補充水分外，還可以預防電腦輻射的傷害。簡單地說，上班族每天可以喝四杯茶：

◎上午喝一杯綠茶

綠茶中含強效的抗氧化劑以及維生素C，不但可以清除體內的自由基，還能使人分泌出對抗緊張情緒和壓力的激素。綠茶中所含的少量咖啡因可以刺激中樞神經，振奮精神。但晚上應少飲用綠茶，以免影響睡眠。

◎下午喝一杯菊花茶

菊花有明目清肝的作用，將菊花和枸杞子一起泡，或是在菊花茶中加入蜂蜜，對解鬱有幫助。

◎疲勞了喝一杯枸杞茶

枸杞子含有豐富的β-胡蘿蔔素、維生素B_1、維生素C、鈣、鐵，具有補肝、益腎、明目的作用。枸杞本身具有甜味，可以將其泡飲，也可以像吃葡萄乾一樣將其當作零食食用，對緩解「電腦族」眼睛乾澀、疲勞的症狀很有功效。

◎晚間喝一杯決明子茶

決明子有清熱、明目、補腦髓、鎮肝氣、益筋骨的作用。晚上喝一杯，對健康有益。

健康狀況不佳的人如何飲茶？

茶葉對人體健康的作用是不容置疑的，但並不是所有人都適合喝茶。健康狀況不佳的人就應該謹慎飲茶。

1.發燒時忌喝茶。茶葉中的咖啡因不但能使人體體溫升高，還會降低藥效。

2.肝病病人忌飲茶。茶葉中的咖啡因等物質絕大部分需經肝臟代謝，若肝臟有病，又飲茶過多超過肝臟代謝能力的話，就會損傷肝臟。

3.神經衰弱者慎飲茶。茶葉中的咖啡因有使神經中樞興奮的作用。若神經衰弱還飲濃茶（尤其是下午和晚上飲茶）就會引起失眠，加重病情。神經衰弱者可以在上午及午後各飲一次茶，上午不妨飲花茶，午後飲綠茶，晚上不飲茶。這樣，患者會白天精神振奮，夜間靜氣舒心，可以早點入睡。

4.胃潰瘍病患者慎飲茶。茶會刺激胃酸分泌，飲茶可引起胃酸分泌量加大，增加對潰瘍面的刺激，常飲濃茶會促使病情惡化。但輕微患者可以在服藥兩小時後飲些淡茶，例如加糖紅茶、加奶紅茶，有助於消炎和保護胃黏膜。

5.營養不良者忌飲茶。茶葉有分解脂肪的功能，營養不良的人飲茶，會加重營養不良的情況。

6.貧血患者忌飲茶。茶葉中的鞣酸可與鐵結合成不溶性的混合物，使體內的鐵含量進一步減少，故貧血患者不宜飲茶。

7.尿結石患者忌飲茶。尿路結石通常是草酸鈣結石，由於茶中含有草酸，尿結石患者若大量飲茶，會導致病情加重。

不同季節如何飲茶？

按照中國傳統醫藥學的說法，茶葉因品種、產地不同，茶性也不同，對人體的作用也各異。

例如：綠茶性寒，適合體質偏熱、胃火旺、精力充沛的人飲用。白茶性涼，適用人群和綠茶的適用人群相似，但「綠茶的陳茶是草，白茶的陳茶是寶」，陳放的白茶有扶正祛邪的功效，適合感冒的人飲用，可緩解感冒症狀。黃茶性寒，功效也跟綠茶大致相似，不同的是口感，綠茶的口感較清爽，黃茶的則較醇厚。烏龍茶性平，適宜人群最廣。紅茶性溫，適合胃寒、手腳發涼、體弱、年齡偏大者飲用，加入牛奶、蜂蜜後口味更好。黑茶性溫，能去油膩、解肉毒、降血脂，適當存放後再喝，口感和療效更佳。花茶芳香無比，喝花茶有益於放鬆身心，緩解壓力，還能循序漸進地調理身體，對人體健康十分有利。

為了取得最佳的保健效果，平日我們飲茶時，要根據茶葉的性能和功效以及季節的變化選擇不同的品種，這樣做對身體比較有益。

春宜飲花茶

春天天氣回暖，萬物復甦，人體和大自然一樣，處於恢復活力之際，此時宜喝茉莉花茶、桂花茶等花茶。花茶性溫，春季飲花茶可以助人散出漫漫冬季中體內積累的寒氣，促進人體陽氣生發。花茶香氣濃烈，香而不浮，爽而不濁，可令人精神振奮，消除春睏，提高工作效率。

夏宜飲綠茶

夏天驕陽高照，溽暑蒸人，人出汗多，水分消耗大，此時宜飲龍井、毛峰、碧螺春等綠茶。綠茶味略苦、性寒，具有消熱、消暑、解毒、去火、降燥、止渴、生津、強心提神的功能。綠茶綠葉綠湯，清鮮爽口，滋味甘香並略帶苦寒味，富含維生素、氨基酸、礦物質等營養成分。飲之既有消暑解熱之功，又具補充營養之效。

秋宜飲烏龍茶

秋天天氣乾燥，常使人口乾舌燥，因此宜喝烏龍茶。烏龍茶性適中，不寒不熱，常飲能潤膚、益肺、生津、潤喉，能有效清除體內餘熱，恢復津液，對金秋保健大有好處。烏龍茶湯色金黃，外形肥壯均勻，緊結捲曲，色澤綠潤，內質馥郁，其味爽口回甘。

冬宜飲紅茶

冬天氣溫低，寒氣重，人體生理機能減退，陽氣漸弱，對能量與營養需求較高。養生之道，貴在禦寒保暖，提高抗病能力，此時宜喝祁紅、滇紅等紅茶和普洱、六堡等黑茶。紅茶性溫味甘，含有豐富的蛋白質。冬季飲之，可補益身體，善蓄陽氣，生熱暖腹，從而增強人體對冬季氣候的適應能力。紅茶乾茶呈黑色，泡出後葉紅湯紅，醇厚甘溫，可加奶、糖，芳香不改。此外，冬季人們的食欲增加，進食油膩食品增多，飲用紅茶還可去油膩、開胃口、助養生，使人體更好地順應自然環境的變化。黑茶的功效與紅茶相近。

抗衰美容茶

茶葉富含多種營養物質和藥理成分，如礦物質、維生素、氨基酸、兒茶素等。其中，兒茶素是天然抗氧化劑，能清除自由基，具有抗腫瘤、抗氧化、抗病菌以及保護心腦器官等多種藥理作用和抗衰老的作用。而花草茶則是天然的美容養膚和瘦身飲品，多種花草都具有淡化色斑、增加皮膚彈性和光澤、潤燥通便、延緩衰老的作用。可以說，經常飲茶能達到抗衰老、美容養顏的效果。

水蜜桃雲霧

配方：水蜜桃1個，廬山雲霧茶3克，冰糖適量。

做法：

1. 將水蜜桃切片後加水放入攪拌機，打成汁。
2. 將廬山雲霧茶用沸水沖泡，然後倒出茶湯，待茶湯適度冷卻後，加入水蜜桃汁，再加適量冰糖調味即可。

用法：不拘時頻飲。

功效：補充皮膚水分，增加肌膚彈性。

四味毛尖

配方：信陽毛尖適量，葡萄2顆，鳳梨2片，檸檬2片，蜂蜜適量。

做法：

1. 將信陽毛尖放在杯中，加入開水浸泡7～8分鐘。

2. 將鳳梨片與葡萄榨汁，將果汁、蜂蜜、檸檬和綠茶同時倒入玻璃杯中拌勻即可。

用法：每日1劑。

功效：能促進老化角質層更新和表皮層黑色素的分解，讓肌膚變得更加光滑、白皙。

紅花茶

配方：紅花5克，信陽毛尖適量，紅糖30克。

做法：在杯中加入紅花、信陽毛尖和紅糖，用沸水沖泡，加蓋悶5分鐘後即可飲用。

用法：每日1劑。

功效：紅花味甘、無毒，能行男子血脈、通女子經水，多則行血，少則養血。紅花和紅花籽皆富含維生素和生物活性成分，能養血活血、降壓降脂、抑制血栓形成、保護心臟、美容美髮，讓皮膚變得乾淨透亮。

排毒觀音蜜茶

配方：鐵觀音5克，蜂蜜2毫升，柑橘適量。

做法：將茶葉放入茶碗，以開水沖泡。將柑橘榨汁，待茶湯稍涼後加入橘汁和蜂蜜，即可飲用。

用法：本飲品性涼，不宜每日飲用。隔2～3天飲用一次為佳。

功效：排毒養顏，有助於治療便秘、脾胃不和等症。

陳皮紅茶

配方：陳皮5克，祁門紅茶3克，蜂蜜適量。

做法：

1. 將陳皮洗淨，切成絲狀。
2. 用沸水沖泡祁門紅茶，倒出茶湯。
3. 在茶湯中放入陳皮和蜂蜜。
4. 蓋上碗蓋，悶5～10分鐘即可飲用。

用法：每日1劑。

功效：清熱降火，可使肌膚更白嫩。

茶療方劑

茶葉對人體具有很好的保健功效，所以自從茶被發現和使用以來，茶與茶療一直是中國醫藥學的重要組成部分。以茶作為單方或與其他中藥組成複方內服或外用，以此作為養生保健、防病療疾的方法，即稱為茶療。茶在中國最早是以藥物身份出現的，中國對茶的養生保健和醫療作用的研究與應用有著悠久的歷史。茶療可謂中國茶文化寶庫中的一朵奇葩。

在中國古代，茶療方劑被廣泛運用，對此，諸多典籍都有相關的記載。到了近代，特別是現代，茶療的應用幾乎隨處可見。如《中國藥學大辭典》《中國醫學大辭典》《藥材學》《中藥大辭典》《瀚海頤生十二茶》《家用中成藥》《中國藥膳學》《中國藥學》等諸多著作中，都有許多茶療方劑。茶療有取材易、製法簡、應用方便、療效好的特點，因而備受人們的歡迎。

性味，是中藥的重要理論，一般又稱為「四氣五味」。四氣（或四性），即寒、涼、溫、熱，表明藥物的寒熱特性。五味，即辛、甘、酸、苦、鹹，表明藥物的味道。這兩者都與該藥的功效與主治有著很大的關係。茶的性味，《新修本草》作「味甘、苦，微寒，無毒」，《本草綱目》改作「味苦、甘，微寒，無毒」，兩者基本相同，只更改了兩個字的位置。中醫理論認為甘者補而苦則瀉，由此可知茶葉是功兼補瀉的良藥。微寒，即涼也。具寒涼之性的藥物可以清熱、解毒，這也與茶的實際功效相符。其他各家的論述也大體類似，如《本草拾遺》作「寒，苦」，《湯液本草》作「氣寒，味苦」等。

茶療融保健與治療於一身，包括「防」與「治」兩個方面。

「防」就是指靠喝茶來養生保健，「治」就是指用茶（含藥茶）治療疾病，這也體現了茶療的原則：第一，以預防為主，特別是要重視自我保健，學會科學喝茶並養成習慣是對疾病最好的預防；第二，兼用多種保健治療措施，比如經常晨練、不吃過甜或過鹹的食物等，綜合起來效果會更好；第三，注意身體防治與心理調節相結合，這也是茶療最重要的原則，因為人的心理變化往往會引起生理的變化，如果人們能夠自覺地將喝茶、物理療法、藥物療法與心理療法等結合起來，就會更容易保持身心健康。

茶療的傳統劑型有湯劑、散劑、丸劑、沖劑等。近年來又出現了一些新形式，如以袋泡劑取代傳統服法，以科學方法將茶製成膠囊或結晶體沖泡劑，提取茶葉中的有效成分製成口服液或片劑等。

現代人生活節奏快，工作壓力大，加上環境污染等因素，極易出現免疫力下降、疲勞、「三高」等亞健康狀態。人們也深知保持身體健康的重要性，畢竟身體是事業的基礎，失去了健康，就會失去工作、失去職位，給自己和家庭帶來痛苦，給社會增加負擔。中醫學認為，人出生後就要注意養生，才能健康一生。現代醫學研究也表明，人的免疫功能20歲時最強，從30歲就開始下降，因此養生要趁早。在這種情況下，喝茶保健的茶療養生方式在都市悄然興起，並被越來越多的人接受。

活血補血方

大棗生薑蜂蜜茶

配方：大棗25克，生薑10克，紅茶2克，蜂蜜適量。

做法：

1. 將大棗加水煮熟並晾乾。
2. 將生薑切片、炒乾，加入蜂蜜炒至微黃。

再將大棗、生薑和紅茶用沸水泡5分鐘，最後加入蜂蜜調味即成。

用法：每日1劑，分3次服用。

功效：健脾補血，和胃，助消化。適用於緩解食欲不振、貧血、反胃吐食等症。

紅棗綠茶

配方：紅棗10枚，白糖10克，綠茶5克。

做法：先將紅棗加水和糖，煎煮至紅棗熟。再將茶葉用沸水泡5分鐘，最後將茶湯倒入紅棗湯內煮沸即成。

用法：每日1劑，多次溫服。

功效：補精養血，健脾和胃。適用於緩解貧血、久病體虛、維生素缺乏等症。

黃豆紅茶

配方：黃豆30克，紅茶3克，鹽適量。

做法：將黃豆加水煮熟後，趁熱加入紅茶泡5分鐘，最後加入鹽攪勻即可。

用法： 每日1劑，分3～４次服用。

功效：健脾補血。

枸杞紅茶

配方：枸杞子10克，紅茶3克，鹽適量。

做法：將枸杞子用食鹽炒至發脹後，去鹽，加入紅茶，用沸水泡5分鐘即成。

用法：每日1劑。

功效：潤肺補腎，益肝明目，養血。適用於緩解陰虛、視力減退、潮熱盜汗、性慾減退等症。

醋茶

配方：廬山雲霧5克，陳醋1毫升。

做法：將茶葉用沸水泡5分鐘，滴入陳醋即可。

用法：每日1劑。

功效：和胃止痢、活血化瘀，可輔助治療牙痛等症。

桂圓龍井茶

配方：桂圓肉15克，龍井茶3克。

做法：將桂圓肉置於鍋中， 加蓋蒸1小時。將龍井茶用沸水泡5分鐘後去渣取汁，趁熱將茶汁沖入桂圓肉內即可。

用法：每日1劑，溫服，食肉喝湯。

功效：益心脾，補氣血，安神。適用於緩解神經衰弱、體弱血虛、失眠健忘等症。

滋補健體方

蓮子冰糖綠茶

配方：蓮子30克，冰糖20克，綠茶5克。

做法：

1. 將帶心蓮子用溫水浸泡數小時，然後加冰糖和水燉爛。
2. 將茶葉用沸水泡5分鐘，然後將茶湯拌入蓮子湯內即成。

用法：每日1劑，多次服飲。

功效：養心益腎，清心寧神。適用於緩解心氣不足、心悸怔忡等症。

牛奶茶

配方：磚茶50克，牛奶300毫升，白糖適量。

做法：將磚茶、牛奶、糖倒入鍋中，加熱即可。

用法：每日1劑，少量多次緩飲。

功效：滋陰補氣，健脾提神。

粳米綠茶

配方：粳米50克，綠茶2克。

做法：將粳米加水煮至半熟，趁熱用米湯沖泡綠茶，泡5分鐘即成。

用法：每日1劑，少量多次緩飲。

功效：生津止渴，健胃利尿，消熱解毒。適用於緩解暑熱口渴等症。

核桃綠茶

配方：核桃仁5克，綠茶2克，白糖25克。

做法：將核桃仁磨碎，與茶葉混合，用沸水泡5分鐘，加糖拌勻即可。

用法：每日1劑，分兩次服飲。

功效：補腎強腰，斂肺定咳。適用於緩解腰肌勞損、體虛、氣喘、產後手腳綿軟無力、慢性氣管炎等症。

銀針茉莉花茶

配方：君山銀針5克，茉莉花3克。

做法：將君山銀針、茉莉花按中投法泡製，取其茶水飲用。

用法：每日1劑。

功效：滋補肝腎，養血潤肺。

止咳化痰方

陳皮綠茶

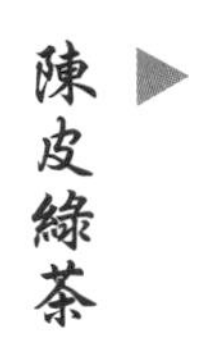

配方：陳皮3克，綠茶5克。

做法：用沸水沖泡綠茶和陳皮，再將其置入鍋中隔水蒸20分鐘即成。

用法：每日1劑，不拘時頻飲。

功效：潤肺消炎，理氣止咳。

白蘿蔔綠茶

配方：白蘿蔔100克，綠茶5克，鹽適量。

做法：

1. 將茶葉用沸水泡5分鐘，取汁。
2. 將白蘿蔔切條煮爛，加鹽調味，然後倒入茶湯即可。

用法：每日1劑。

功效：清熱化痰，理氣開胃。

金銀花澎大海綠茶

配方：澎大海5克，金銀花3克，綠茶5克。

做法：將金銀花、綠茶和澎大海混合，用沸水沖泡。

用法：每日1劑，不拘時頻飲。

功效：潤肺止咳。

桂圓澎大海紅茶

配方：桂圓肉15克，紅茶3克，澎大海5克，紅棗4顆，紅糖適量。

做法：

1. 將桂圓肉和紅棗放入鍋中，加蓋蒸1小時。
2. 將紅茶、紅糖和澎大海用沸水泡5分鐘後去渣取汁，趁熱在茶湯中加入桂圓肉和紅棗。

用法：每日1劑，溫服，食肉湯。

功效：通經活血，理氣潤肺。

杏仁茶

配方：杏仁10顆，武夷岩茶7克。

做法：將杏仁去皮，和茶葉一起煮汁。

用法：飯後飲用。

功效：發汗解表，溫肺止咳。適用於緩解感冒、咳嗽、腸胃炎等症。

治胃病方

薄荷蜂蜜綠茶

配方：綠茶30克，薄荷5克，白糖150克，蜂蜜150克。

做法：將白糖、蜂蜜、綠茶、薄荷混合後置於鍋中，加水1500毫升，煎熬至750毫升後，去渣取汁，貯於有蓋子的瓶子中。

用法：每日早晚各飲1次。

功效：和胃，止痛。

玫瑰蜂蜜綠茶

配方：玫瑰花5克，蜂蜜25克，綠茶1克。

做法：將玫瑰花加水煮5分鐘後，趁沸放入蜂蜜、綠茶，攪勻即成。

用法：每日1劑，多次服用。

功效：健胃，消食。

薏米紅茶

配方：紅糖5克，薏米10克，紅茶3克。

做法：將薏米加水煮熟，取汁後用其沖泡紅茶，5分鐘後加紅糖調味即可。

用法：每日3劑，飯後服用。

功效：和胃，通便。

蜜紅茶

配方：紅茶10克，紅糖、蜂蜜各適量。

做法：將紅茶、紅糖和蜂蜜混合後，用沸水泡5分鐘即可。

用法：每日1劑，多次服用。

功效：解表，溫中，止嘔。

治感冒方

芝麻生薑綠茶

配方：生芝麻30克，生薑5克，綠茶5克。

做法：將生芝麻、生薑和綠茶混合後用沸水泡5分鐘即可。

用法：每日1劑。

功效：發汗解表。

核桃仁蔥白綠茶

配方：核桃仁20克，蔥白20克，綠茶15克。

做法：將核桃仁、蔥白和綠茶混合，加水煮5分鐘即可。

用法：每日1劑，分兩次服用。

功效：解表散寒，對感冒、頭痛無汗有一定療效。

甘草茶

配方：甘草5克，祁門紅茶6克，冰糖適量。

做法：將甘草與茶葉一起放入鍋中，加入300毫升左右的水，煮沸後再煮5～10分鐘，濾除茶渣，加入冰糖後飲用。

用法：每日1劑。

功效：對感冒、咳嗽、喉嚨痛、頭痛有一定療效。

金銀茉莉菊花茶

配方：金銀花15克，菊花10克，茉莉花3克。

做法：將金銀花、菊花、茉莉花放入茶杯，用沸水沖泡。

用法：每日1劑。

功效：清熱解毒，對風熱感冒、咽喉腫痛有一定療效。

治頭痛方

辣椒紅茶

配方：辣椒500克，紅茶10克，胡椒粉和鹽各適量。

做法：將辣椒和茶葉搗碎，再加入胡椒粉和鹽混勻，然後用沸水沖泡即可。

用法：每日1劑。

功效：驅寒解表，可治傷風頭痛。

生薑綠茶

配方：生薑5克，綠茶3克，白糖25克。

做法：將生薑、綠茶和糖混合，用沸水泡5分鐘即可。

用法：每日兩劑，多次服飲。

功效：祛風，解表，止痛。

治痢疾方

配方：綠茶10克，大蒜30克。

做法：將大蒜頭去皮搗爛成糊狀，再同茶一起用沸水泡5分鐘即可。

用法：每日1劑，分2～3次服用，連服4～5天。

功效：殺毒止痢，適用於緩解慢性痢疾。

配方：綠茶9克，葡萄汁60毫升，生薑3克，蜂蜜30克。

做法：將綠茶用水沖泡後取茶湯，加入葡萄汁、生薑和蜂蜜，攪勻即可。

用法：每日1劑。

功效：補氣血，潤腸解毒。

TITLE

現代茶經

STAFF

出版	瑞昇文化事業股份有限公司
編著	時尚生活工作室
創辦人 / 董事長	駱東墻
行銷 / CEO	陳冠偉
總編輯	郭湘齡
文字編輯	張聿雯　徐承義
美術編輯	許菩真
國際版權	駱念德・張聿雯
排版	洪伊珊
製版	明宏彩色照相製版有限公司
印刷	桂林彩色印刷股份有限公司
法律顧問	立勤國際法律事務所　黃沛聲律師
戶名	瑞昇文化事業股份有限公司
劃撥帳號	19598343
地址	新北市中和區景平路464巷2弄1-4號
電話	(02)2945-3191
傳真	(02)2945-3190
網址	www.rising-books.com.tw
Mail	deepblue@rising-books.com.tw
初版日期	2023年4月
定價	550元

ORIGINAL EDITION STAFF

編著	時尚生活工作室
特約顧問	鄒碧瑩
出版發行	青島出版社
策劃	劉海波　王　寧
責任編輯	王　韻
特約編輯	孔曉南
封面設計	南京觀止堂文化發展有限公司
版式設計	南京觀止堂文化發展有限公司

國家圖書館出版品預行編目資料

現代茶經/時尚生活工作室編著. -- 初版. -- 新北市：瑞昇文化事業股份有限公司, 2023.04
256面；17 X 24公分

ISBN 978-986-401-617-4(平裝)
1.CST: 茶藝 2.CST: 茶葉 3.CST: 文化 4.CST: 中國

974.8　　112003071